Lena Sachs

Die Zusammenarbeit zwischen Bundeswehr und Bildungseinrichtungen

Soziale Analysen und Interventionen

Herausgegeben von Prof. Dr. Albert Scheer

Band 1

Lena Sachs

Die Zusammenarbeit zwischen Bundeswehr und Bildungseinrichtungen

Eine kritische Analyse

Centaurus Verlag & Media UG

Zur Autorin:
Lena Sachs studiert im Masterstudium Erziehungswissenschaften; Fachrichtung Sozial-pädagogik an der Pädagogischen Hochschule Freiburg.

Bibliografische Informationen der Deutschen Nationalbibliothek
Die Deutsche Nationalbibliothek verzeichnet diese Publikation in der Deutschen Nationalbibliografie; detaillierte bibliografische Daten sind im Internet über http://dnb.d-nb.de abrufbar.

ISBN 978-3-86226-134-5   ISBN 978-3-86226-893-1 (eBook)

DOI 10.1007/978-3-86226-893-1

ISSN 2193-7605

Gedruckt auf säurefreiem und chlorfrei gebleichtem Papier.

© Centaurus Verlag & Media. KG, Freiburg 2012
www.centaurus-verlag.de

Umschlaggestaltung: Jasmin Morgenthaler, Visuelle Kommunikation
Umschlagabbildung: Scheiß Krieg!, Foto: nurmalso, Quelle: www.photocase.de
Satz: Vorlage der Autorin

Inhaltsverzeichnis

1. Einleitung

Im Jahr 2010 führten die hauptamtlichen Jugendoffiziere der Bundeswehr insgesamt 7.350 Veranstaltungen im Bereich der politischen Bildung durch, bei denen 176.862 TeilnehmerInnen erreicht wurden.[1] Seit der Gründung der Bundeswehr war diese, aufgrund von Nachwuchs- und Legitimationsproblemen, ständig bemüht, ihren Einfluss auf das Bildungswesen auszuweiten und zu verstärken. Die Bundeswehr ist aktuell, hinsichtlich einer zunehmenden Militarisierung der Außenpolitik, mit einer ablehnenden Haltung der Bevölkerung ihr gegenüber konfrontiert. Zudem hat sie auch durch das Aussetzen der Wehrpflicht mit Nachwuchsproblemen zu kämpfen. Diese Umstände sind Anlass für Bemühungen der Bundeswehr, ihren Einfluss auf die politische Bildung in Schulen zu intensivieren. Bislang wurden in Deutschland seit 2008 acht Kooperationsvereinbarungen zwischen Kultusministerien und Wehrbereichskommandos der Bundeswehr unterzeichnet, um die bestehende Zusammenarbeit zwischen den Institutionen zu verstärken.[2] Jugendoffiziere sollen vermehrt in den Schulunterricht sowie die Ausbildung von Lehrkräften einbezogen werden. Auf der Homepage der Jugendoffiziere heißt es in einem Grußwort von Georg Wackler, Staatssekretär im Ministerium für Kultus, Jugend und Sport Baden-Württemberg, dazu folgendermaßen:

> „Ich freue mich, dass unsere Lehrkräfte sowie unsere Schülerinnen und Schüler in den Jugendoffizieren kompetente externe Referenten für sicherheitspolitische Themen im Unterricht finden. Es ist gut, dass von diesem Angebot seit Jahren Gebrauch gemacht wird. (...) Durch ihr Angebot tragen die Jugendoffiziere dazu bei, dass sich die Bürgerinnen und Bürger in Baden-Württemberg ein selbstständiges und reflektiertes Urteil über die unsere gesamte Gesellschaft betreffende globalen Herausforderungen bilden können. Eine Kooperationsvereinbarung zwischen dem Ministerium für Kultus, Jugend und Sport Baden-Württemberg und der Bundeswehr unterstützt die für beide Seiten gewinnbringende Zusammenarbeit."[3]

Auch Verteidigungsminister de Maizière betonte bei einer Tagung der Jugendoffiziere im Herbst 2011 die hohe Bedeutung der Jugendoffiziere für die Bundeswehr und kündigte an, die Anzahl der Jugendoffiziere, im Gegensatz zur restlichen Bundeswehrstruktur, nicht zu reduzieren. Denn „die unverminderte Präsenz in der Fläche sei wichtig, da die Jugendoffiziere oftmals der erste Kontakt

---

[1] BMVg, 2010, S. 4.
[2] Stand: Januar 2012.
[3] URL: www.bw.jugendoffizier.eu (03.01.2012).

junger Menschen zur Bundeswehr seien".[4] Die Legitimität dieser Zusammenarbeit wird jedoch von Initiativen, Gruppen und Einzelpersonen in Frage gestellt und mit großer Sorge betrachtet. Bundesweit haben sich in den letzten Jahren zahlreiche Kampagnen gegründet, um sich gegen den Einfluss der Bundeswehr auf das Bildungswesen zu engagieren und so einer zunehmenden Militarisierung der Gesellschaft entgegenzutreten.

Im Laufe dieser Arbeit wird unter Einbezug neuester Entwicklungen, ein Überblick über die verschiedenen Aspekte der Zusammenarbeit zwischen Bundeswehr und Bildungseinrichtungen gegeben, um diese darüber hinaus einer genaueren Analyse sowie einer kritischen Bewertung zu unterziehen. Dabei wird die benannte Kooperation in einen gesamtgesellschaftlichen Kontext gestellt und zugleich der Fragestellung nachgegangen, ob durch den Einfluss der Bundeswehr auf den Schulunterricht eine kontroverse politische Bildung, welche sich dem Überwältigungsverbot und dem Verbot von Nachwuchswerbung für die Bundeswehr verpflichtet, gewährleistet sein kann. Des Weiteren, ob sich diese mit den Schulgesetzen, nach welchen Schülerinnen und Schüler zur „Friedensliebe" zu erziehen sind, in Einklang bringen lässt. Es soll hierbei zum einen geklärt werden, ob sich diese Zusammenarbeit zwischen den Institutionen in den letzten Jahren intensiviert hat und zum anderen, inwiefern diese Auswirkungen auf die Militarisierung der Gesellschaft hat und/oder durch diese bedingt ist. Hierbei werden insbesondere die Intentionen und Strategien der Bundeswehr untersucht, mit welchen diese Einfluss auf die schulische Bildung ausübt. Die Analyse wird sich hauptsächlich mit der Zusammenarbeit zwischen Jugendoffizieren und Schulen beschäftigen, wobei auch auf deren Einbeziehung in die Aus- und Weiterbildung von Lehrkräften eingegangen wird.[5]

Die Arbeit ist folgendermaßen gegliedert: Nach einer genaueren Bestimmung der Bedeutung des Begriffes „Militarisierung" in *Kapitel 2* sowie einer kurzen Analyse militaristischer Tendenzen in Deutschland wird zunächst, in *Kapitel 3*, die Geschichte und Entwicklung der Zusammenarbeit auf ministerialer und schulischer Ebene seit dem Bestehen der Bundeswehr bis heute dargestellt. Dabei wird diese in den Kontext von gesamtgesellschaftlichen Begebenheiten und Veränderungen gestellt und betrachtet. Zudem werden die aktuellen Rahmenbedingungen der Zusammenarbeit, wie die Transformation der Bundeswehr und die Militarisierung der Außenpolitik sowie daraus resultierende Akzeptanz- und Rekrutierungsprobleme aufgezeigt (*Kapitel 4*). Im Anschluss daran werden in *Kapitel 5* Inhalt, Bedeutung und Auswirkungen der abgeschlossenen Kooperationsvereinbarungen beleuchtet. Das darauf folgende Kapitel beschäftigt sich mit

---

[4] Bundeswehr aktuell, Nr.46, 21.11. 2011.
[5] Der Einfluss der Bundeswehr auf die Lehre und Forschung an Hochschulen wird in dieser Arbeit ausgeklammert.

den Jugendoffizieren als Akteure der politischen Bildung und setzt sich genauer mit der „Institution Jugendoffizier" auseinander. Dabei werden, anhand von exemplarischen Beispielen der Bildungsangebote der Bundeswehr, das Vorgehen und die Praxis der Zusammenarbeit genauer betrachtet. An diese Darstellung knüpft der empirische Teil der Arbeit an. Hier werden mittels einer qualitativen Inhaltsanalyse der Unterrichtsmaterialien „Frieden & Sicherheit" (Schülermagazin 2009/2010 für die Sekundarstufe II), welche vom Bundesministerium für Verteidigung (BMVg) finanziert und mit herausgegeben werden, die von der Bundeswehr an die Schülerinnen und Schüler vermittelten Inhalte und die damit verfolgte Strategie analysiert. Dabei werden die Argumentationslinien der in den Materialien behandelten Thematiken nachvollzogen und auf manifeste sowie latente Inhalte untersucht. Diesbezüglich steht vor allem die Beantwortung der Fragestellung im Vordergrund, ob und wenn ja, inwiefern durch die Materialien die Richtlinien des Beutelsbacher Konsens für politische Bildung (Kontroversitätsgebot und Überwältigungsverbot) sowie das Verbot von Nachwuchswerbung eingehalten werden. Zudem wird der These nachgegangen, ob und auf welcher Argumentationsbasis militärische Gewalt in den Materialien banalisiert und gerechtfertigt wird. An die Darstellung und Analyse der Zusammenarbeit anknüpfend wird diese in *Kapitel 9* einer kritischen Bewertung unterzogen und dabei noch einmal die Intention, welche die Bundeswehr bzw. das Verteidigungsministerium mit der Zusammenarbeit verfolgt, offengelegt. Im Anschluss daran wird in *Kapitel 10* auf den gesellschaftlichen Widerstand gegen die Zusammenarbeit eingegangen, welcher zum einen den Ausschluss der Bundeswehr aus Bildungseinrichtungen und zum anderen eine verstärkte Einbeziehung der „Friedenspädagogik" in den Schulunterricht anstrebt. Dies bietet dann Anlass, die „Friedenspädagogik" genauer zu betrachten und die pädagogischen Widersprüche aufzuzeigen, in welchen sich diese befindet. Dabei wird als mögliche Konsequenz einer Überwindung dieses Antagonismus, näher auf die kritische Friedenspädagogik eingegangen. Abschließend wird ein zusammenfassendes und kritisches Resümee gezogen.

Die Erkenntnisse der Arbeit sind in erster Linie literaturbasiert und werden zudem durch Dokumentenanalysen sowie eine qualitative Inhaltsanalyse gewonnen. Auch persönliche Erfahrungen mit der Thematik sowie Beobachtungen und offene Befragungen ermöglichten einen umfassenden Überblick auf das Feld. Es sei noch abschließend angemerkt, dass der Begriff des Offiziers und daher auch der des Jugendoffiziers von der Bundeswehr nicht gegendert wird. Ist in der Arbeit von Jugendoffizieren die Rede, so sind mit dieser Bezeichnung sowohl die männlichen als auch die weiblichen Jugendoffiziere gemeint.

2. Begriffsbestimmung Militarisierung

Militarismus bezeichnet im allgemeinen Sprachgebrauch „das Vorherrschen militärischen Denkens in der Politik u. Beherrschung des zivilen Lebens in einem Staat durch militärische Institutionen".[6] Unter „Militarisierung" wird in diesem Sinne das Errichten militärischer Anlagen, das Aufstellen von Truppen, das Organisieren eines Heereswesens sowie das In-Dienst-Stellen eines Landes unter den Militarismus verstanden.[7] Ein Globaler Militarisierungsindex (GMI) des Internationalen Konversionszentrums Bonn (BICC) misst den quantitativen Grad der Militarisierung eines Landes durch die Analyse der staatlichen Ressourcenverteilung an den Militärsektor im Vergleich zu Investitionen in andere gesellschaftliche Bereiche.

Als Indikatoren zur Berechnung des GMI eines Landes werden folgende Faktoren berücksichtigt:

- „Militärausgaben als Anteil am Bruttoinlandsprodukt
- Militärausgaben im Verhältnis zu Ausgaben im Gesundheitsbereich
- Militärisches und paramilitärisches Personal im Verhältnis zur Bevölkerungszahl
- Reservisten im Verhältnis zur Bevölkerungszahl
- Militärisches und paramilitärisches Personal im Verhältnis zur Zahl von Ärzten
- Schwere Waffen im Verhältnis zur Bevölkerungszahl"[8]

Nach dieser Berechnung ist „der Militarisierungsgrad Deutschlands (…) seit der Wiedervereinigung 1991 mehr oder weniger gleichmäßig von Platz 36 auf Platz 86 im Jahr 2007 gesunken. 2009 lag er mit Platz 81 im Weltmaßstab weiterhin im mittleren Bereich."[9] Bei dieser Berechnung werden jedoch nur militärische Ressourcen berücksichtigt. Der Grad an gesamt- und zivilgesellschaftlicher Militarisierung wird nicht erfasst. Die Dimension der „Veralltäglichung des Militärischen im Zivilen"[10] kommt bei der oben genannten Definition der Militarisierung zu kurz. Das Militärische in seiner Alltäglichkeit wird bei der Militarismusforschung meist vernachlässigt. Darum plädieren Tanja Thomas und Fabian Vir-

---

[6] DIE ZEIT Das Lexikon, S. 15609.
[7] Vgl. ebenda.
[8] Grebe, 2011, S. 5.
[9] Ebenda, S. 14.
[10] Thomas / Virchow, 2006, S. 9.

chow dafür, bei der Untersuchung von Militarisierungstendenzen den Blick auf die gesamte politische Kultur eines Landes, wie unter anderem auf den Wissens-, Unterhaltungs- oder Kultursektor zu legen.[11] Weiterführende „Merkmale des Militarismus sind Überbetonung militärischer Formen, Vorherrschaft des militärischen Machtprinzips im öffentlichen Leben, Ausbreitung militärisch-autoritärer Ordnungsformen (...) im zivilen Bereich und ihre Einwirkung auf das Erziehungswesen, Verherrlichung des Krieges, Einordnung des Heeres als Erziehungsinstitution (...)".[12]

Militärisches ist in unserer Gesellschaft in vielen Formen präsent: Die Öffentlichkeitsarbeit der Bundeswehr soll die Bevölkerung über ihr weltweites Agieren informieren und von dessen Notwendigkeit sowie von ihrem Status als „ganz normaler Arbeitgeber" überzeugen. Die teilweise mit der Bundeswehr kooperierenden Medien vermitteln uns Bilder von Militär und Krieg. Durch Militärrituale in der Öffentlichkeit wie Gelöbnisse, Trauerfeiern oder Zapfenstreiche wird versucht, Militär in der Gesellschaft zu verankern und staatliche Gewalt zu banalisieren. In der Unterhaltungsindustrie, beispielsweise durch Computerspiele, wird Militärisches gewinnbringend vermarktet.[13] Auch die in den Schulen als „Experten für Sicherheitspolitik" eingesetzten Jugendoffiziere tragen, wie im Verlauf der Arbeit aufgezeigt wird, zur Präsenz des Militärischen und der Verankerung militärischer Denkweisen in der Gesellschaft bei. Militärisches ist in gewisser Weise ein Teil des zivilen Alltags. Als Begriff, der diese mehrheitlich als selbstverständlich wahrgenommene Situation auf den Punkt bringt, haben Fabian Virchow und Tanja Thomas die Bezeichnung des „banalen Militarismus" eingeführt. Dieser Begriff ist angelehnt an den des englischen Sozialwissenschaftlers Michael Billig, der „die in alltäglichen Handlungen und Diskursen stattfindende Reproduktion des Nationalstaates bzw. der Nation als ‚banal nationalism'"[14] bezeichnet. Die Auseinandersetzung mit dem banalen Militarismus bzw. banaler Militarisierung untersucht „vielfältige Prozeduren der Gewöhnung an und/oder die Einübung in Denkmuster, Einstellungen und Verhaltensweisen, die (...) einem militärischen Habitus verbunden sein können"[15] und wendet sich den „zahlreichen Prozessen zu, mittels derer das Militär bzw. Militärisches im weitesten Sinne in den Alltag eingelassen ist und zu seinem (...) selbstverständlichen Bestandteil gemacht wird/werden soll."[16] Dies aufgreifend wird in dieser Arbeit alles, was zur Normalisierung militärischer Verhältnisse beiträgt, als banale Militarisierung verstanden. Diese Unterscheidung ist notwendig, denn so kann zum

---

[11] Vgl. Thomas / Virchow, 2006, S. 36.
[12] BROCK HAUS Enzyklopädie, S. 469.
[13] Vgl. Thomas / Virchow, 2006, S. 12ff.
[14] Virchow / Thomas, 2003.
[15] Thomas / Virchow, 2006, S. 34.
[16] Ebenda.

Beispiel eine auf den ersten Blick quantitative Entmilitarisierung, durch Reduzierung der Truppenstärke und Standortschließungen, gleichzeitig mit einer Militarisierung der Außenpolitik und einer banalen Militarisierung der Gesellschaft
einhergehen. Diesem erweiterten Militarisierungsbegriff zur Folge ist also auch
eine zunehmende Einwirkung des Militärs auf den Bereich der Pädagogik bzw.
das Bildungswesen ein Indikator für Militarisierungstendenzen einer Gesellschaft, welcher im GMI nicht berücksichtigt wird. Dieser banalen Militarisierung
der Gesellschaft durch die Kooperation von Bundeswehr und Bildungseinrichtungen soll im Folgenden weiter auf den Grund gegangen werden.

3. (Re-)Militarisierung des Bildungswesens in der BRD

3.1 Beginn des Einflusses der Bundeswehr auf das Bildungswesen

Die Zusammenarbeit von Bundeswehr und dem Bildungswesen ist keineswegs ein neues Phänomen, sondern lässt sich bis in die Gründungsjahre der Bundeswehr zurückverfolgen. Sie war durchgängig geprägt von gesamtgesellschaftlichen Bewegungen und reagierte stets auf Veränderungen in den Einstellungen der Bevölkerung zur Praxis der Verteidigungspolitik. Die Funktion des Jugendoffiziers wurde 1958, drei Jahre nach der Gründung der Bundeswehr, auf Initiative des damaligen Generalinspekteurs Adolf Heusinger ins Leben gerufen.[17] Die Schaffung der Institution „Jugendoffizier" war in eine Zeit gebettet, in welcher große Teile der Bevölkerung der Wiederbewaffnung Deutschlands kritisch gegenüberstanden und sich Mitte der 50er Jahre mit der „Kampf-dem-Atomtod"-Kampagne ein starker Protest gegen die Atombewaffnung im Zuge des Kalten Krieges entwickelte.[18] Die Aufgabe der ersten 17 Jugendoffiziere bestand zunächst darin, „der deutschen Bevölkerung die Notwendigkeit des Beitritts zur NATO und die damit verbundene Wiederbewaffnung Deutschlands zu vermitteln"[19], da ein Großteil der Bevölkerung diese, aufgrund von Erfahrungen mit den vorangegangenen Weltkriegen, ablehnte. Zudem sollte deutlich gemacht werden, dass keine Armee in der Tradition der Wehrmacht entstehen würde.[20] Aus den neueren Veröffentlichungen des Verteidigungsministeriums wird nicht mehr ersichtlich, dass die Institution "Jugendoffizier" damals auch gegründet wurde, um den Bedarf an Nachwuchs für die Bundeswehr decken zu können.[21] Aus einem Befehl des damaligen Generalinspekteurs Heusinger vom 8. September 1958 geht hervor, dass Jugendoffiziere eingesetzt werden sollen, um „eine allgemeine Wehrbereitschaft bei allen Teilen der Jugend durchzusetzen; (und) den qualifizierten Nachwuchsbedarf, besonders auch an Soldaten auf Zeit, zu decken."[22]

---

[17] Vgl. BMVg: Informations- und Medienzentrale der Bundeswehr, 2010, S. 22f.
[18] Vgl. Rödinger, 1985/1986, S. 43.
[19] Ebenda, S. 23.
[20] Vgl. Rödinger, 1985/1986, S. 23.
[21] Siehe hierzu: „Jugendarbeit in der Praxis", Schreiben an den Generalinspekteur der Bundeswehr, März 1958; und: „Jugendoffiziere bei den Divisionsstäben, Schreiben des Bundesministers für Verteidigung vom 27.04.1959, in: Pröll, 1981.
[22] Zit. in: Rogge, 1979, S. 60.

Schon ein Jahr nach dem Amtsantritt der ersten Jugendoffiziere fand 1959 die erste Tagung zwischen den Kultusministerien und der Bundeswehr statt, um Vorschläge für eine künftige Zusammenarbeit zu erarbeiten. Aus einer Abschrift der Sitzung geht hervor, dass Jugendoffiziere verstärkt an die Lehrerschaft herantreten sollen, um dort Kontaktleute aufzustellen, die den Besuch von Jugendoffizieren in Schulklassen erleichtern. Von Seiten der Schule solle es vermehrt Besuche bei Truppen der Bundeswehr geben. Bereits zu diesem Zeitpunkt wurde die Einbeziehung der Bundeswehr in die Aus- und Fortbildung von Lehrkräften als sehr fruchtbar betrachtet. Es wurde beschlossen, weiterhin einen Austausch zwischen der ständigen Kultusministerkonferenz (KMK) und der Bundeswehr zu pflegen und den Materialaustausch (z.B.: Filme, Unterrichtsmaterialien) zu intensivieren. Es sollte ein Ausschuss gegründet werden, der für die Verteilung der Unterrichtsmaterialien der Bundeswehr an die Schulen zuständig ist. Außerdem wurde schon damals festgelegt, dass die Jugendoffiziere einen jährlichen Bericht zusammenfassen sollen, der Aufschluss über Charakter und Wissen der „Rekruten" gibt.[23] Erst 1961 wurde in Richtlinien und Informationen für Jugendoffiziere festgelegt, dass diese ausdrücklich nicht zur Nachwuchswerbung eingesetzt werden dürfen.[24] Diesbezüglich besteht seit dem, zumindest in der Theorie, eine strikte Arbeitsteilung zwischen Jugendoffizieren und den WehrdienstberaterInnen, welche explizit eingesetzt werden, um über die Möglichkeiten als BerufssoldatIn und die Berufsförderung zu informieren.[25] Die Tatsache, dass eine strikte Trennung der Aufgabenfelder jedoch in der Praxis nicht möglich ist und Jugendoffiziere zumindest indirekt immer auch Nachwuchs werben, wird in Kapitel 9.1 genauer dargestellt.

3.2 Zusammenarbeit in den späten 1960er und 1970er Jahren

In den 1960er und 1970er Jahren entfachte eine Debatte unter den Kultusministerien bezüglich der Behandlung der Themen „Frieden" und „Sicherheitspolitik" im Schulunterricht. Das Aufleben der Ostermarschbewegung in den 60er Jahren, die für Abrüstung und Rüstungskontrolle eintrat, sowie die Proteste der außerparlamentarischen Opposition (APO), welche 1968 ihren Höhepunkt fanden, führten zu einer enormen Zunahme von Kriegsdienstverweigerungen. So ist deren Zahl von 1967 mit 5963 Verweigerungen auf 11952 Verweigerungen im Jahre 1968 angestiegen.[26] Daraufhin hatte im Mai 1969 der über diesen Anstieg

---

[23] Vgl. Kuhn, 1959, in: Pröll, 1981.
[24] Vgl. BMVg, Teil 1. Die Gründerjahre.
[25] Vgl. Rogge, 1979, S. 49.
[26] Vgl. Gebel, 1974, S. 12.

besorgte damalige Bundesverteidigungsminister Gerhard Schröder (CDU) gefordert, den Aufgaben der militärischen und zivilen Verteidigung im Schulunterricht mehr Beachtung zu schenken.[27] 1967 wurden erstmals auch nebenamtliche Jugendoffiziere zur Unterstützung berufen und bis 1969 ist die Zahl der hauptamtlichen Jugendoffiziere auf 27 erhöht sowie deren Ausbildungszeit verlängert worden. Auch ihr Aufgabenfeld hat sich mit den Entwicklungen in der Sicherheitspolitik und den Friedensbewegungen gewandelt. Die Aufgaben der Jugendoffiziere waren zu dieser Zeit maßgeblich durch die Konfrontationen mit der APO bestimmt, woraufhin deren Zahl weiter auf 56 heraufgesetzt wurde.[28] In diese Zeit ist auch die Entstehung einer Friedenserziehungsbewegung einzubetten, welche sich aus der Friedensforschung und der Friedensaktion entwickelte und sich zum Ziel gemacht hat, die nachkommenden Generationen zum Lernziel „Frieden" zu erziehen, um in der Zukunft Kriege zu verhindern. Dabei vertraten einige Stränge der „Friedenspädagogik" die Auffassung, nicht nur manifeste Kriegsgewalt zu hinterfragen, für Abrüstung einzutreten und Kriege zu vermeiden, sondern auch „strukturelle Gewalt"[29] in Form von sozialen Ungleichheiten und Machtverhältnissen in der Gesellschaft und der Welt zu hinterfragen.[30]

In den darauf folgenden Jahren, welche im Zuge der Entspannungspolitik ruhiger waren, zeichneten sich in der Bevölkerung ein Nachlassen des „Verteidigungswillens" und ein zunehmendes Desinteresse an der Bundeswehr ab.[31] Am 26. März 1971 griffen in einer sicherheitspolitischen Debatte des Deutschen Bundestages auch der damalige Bundeskanzler Willy Brandt (SPD) und der ehemalige Bundesminister für Verteidigung Helmut Schmidt (SPD) die Thematik auf und forderten eine stärkere Einbindung sicherheitspolitischer Inhalte in den Schulunterricht. So betonte Brandt beispielsweise, dass Friedens- und Sicherheitspolitik eine Einheit bilden und diese bei den jungen Menschen einsichtig gemacht werden müsse. Schmidt machte diesbezüglich vor allem die Lehrenden für die gestiegene Zahl der Wehrdienstverweigerungen verantwortlich.[32] Die Zahl der Verweigerungen ist in den folgenden Jahren kontinuierlich weiter bis auf 27657 im Jahre 1971 angestiegen,[33] was zeigt, dass vor allem die junge Generation zu dieser Zeit dem Militär zunehmend gleichgültig oder kritisch gegenüberstand. Auch der nachfolgende Verteidigungsminister Georg Leber (SPD) wagte diesbezüglich einen Vorstoß und forderte die KMK auf, zu erörtern, wie in den Schulen über die Notwendigkeit der Landesverteidigung unterrichtet wer-

---

[27] Vgl. Lutz, 1984, S. 14f.
[28] Vgl. BMVg, Teil 2. Die 60er Jahre.
[29] Galtung, 1971, S. 62.
[30] Vgl. Young, 1984, S. 2f.
[31] Vgl. Witt, 1984, S. 25.
[32] Vgl. Lutz, 1984, S. 15.
[33] Vgl. Gebel, 1974, S. 12.

den kann. Ein daraufhin gegründeter Ausschuss der KMK brachte zwar kein Ergebnis, führte aber dennoch dazu, dass zunehmend staatliches Material für die
Schulen zum Thema Sicherheitspolitik herausgegeben wurde.[34] Den Forderungen des Bundeskanzlers und des Verteidigungsministeriums folgte eine Reihe
von Erlassen der Kultusministerien, die Empfehlungen zur Behandlung von sicherheitspolitischen Inhalten in den Schulen enthielten. In einer Veröffentlichung des baden-württembergischen Kultusministeriums vom 18.08.1971 heißt
es beispielsweise:

> „In Hinblick auf die politische Bildungsarbeit der Schulen, in deren Rahmen die
> Auseinandersetzung mit der politischen, gesellschaftlichen und wirtschaftlichen
> Wirklichkeit erfolgt, ist es daher wichtig, die Schüler über die Notwendigkeit einer
> ausreichenden Verteidigung zu informieren und die Aufgaben, die der Bundeswehr
> hierbei zukommen, sachlich und ohne Wertung aufzuzeigen. Die Aufgaben der
> Bundeswehr sind so verständlich zu machen, daß sie von den Schülern als notwen-
> dig anerkannt werden können. (…) Jugendoffiziere sind geeignet, sachkundige In-
> formationen zu Fragen der Landesverteidigung zu erteilen und können im Rahmen
> des Unterrichts herangezogen werden. (…) Fragen der Bundeswehr sollen auch in
> der Lehrerfortbildung – insbesondere an den Pädagogischen Hochschulen und an
> den Seminaren für Studienreferendare – berücksichtigt werden."[35]

Die Erlasse anderer Bundesländer ähneln diesem Beispiel. Unterschiede zeigen
sich jedoch beim Umgang mit der Einbeziehung von VertreterInnen von Friedensorganisationen oder Kriegsdienstverweigerern. So wurde in einigen Bundesländern, wie beispielsweise Bayern, ausdrücklich formuliert, dass das Auftreten
von Kriegsdienstverweigerern in Schulen nicht erwünscht ist.[36]

3.3 Die Debatte der Kultusministerien in den 1980er Jahren

Ausgelöst durch die Diskussion um und die Entscheidung für den NATO-
Doppelbeschluss am 12. Dezember 1979 entstand in dessen Folge eine weitere
Protestwelle der Friedensbewegung in der Bundesrepublik, die sich primär gegen
die Produktion von Marschflugkörpern und Pershing-II-Raketen sowie deren
Stationierung in Westeuropa richtete.[37] 1980 wurde vom damaligen Verteidigungsminister Hans Apel (SPD), beunruhigt durch die sich entwickelnde Friedensbewegung und „Friedenspädagogik" sowie den Ausblick auf darauf folgende Rekrutierungsprobleme, eine erneute Initiative gestartet, den Einfluss der

---

[34] Vgl. Kerbst, 1984, S. 54.
[35] Zit. nach Lutz, 1984, S. 16.
[36] Siehe dazu Synopse – Sicherheitspolitik in den Schulen der Bundesländer, in: Pröll, 1981.
[37] Vgl. Wasmut, 1986/86, S. 143.

Bundeswehr auf die Schulen zu stärken. Neben dem Hochsetzen der Dienstposten der Jugendoffiziere auf 69[38] brachte er in der Kultusministerkonferenz persönlich seine Anliegen ein. Diese sind folgendermaßen aus dem Protokoll der Sitzung zu entnehmen:

> „Es solle deutlich gemacht werden, daß unverzichtbare Voraussetzung für die Friedenssicherung das Gleichgewicht der militärischen Kräfte sei und daß insofern der Dienst der Bundeswehr Friedensdienst bedeute. In der jungen Generation soll generell das Bewusstsein für die Rechte und Pflichten des einzelnen gegenüber dem Staat als Voraussetzung auch für den Dienst in der Bundeswehr vertieft werden. Er würde es begrüßen, wenn unter Berücksichtigung dieser Gesichtspunkte (…) eine Empfehlung der Kultusministerkonferenz erarbeitet werden könnte. Dabei sollte auch die Berücksichtigung der Thematik in der Lehrerbildung und in den Schulbüchern angesprochen werden."[39]

In Folge dieses Vorstoßes des Verteidigungsministeriums wurde eine zwei Jahre andauernde Debatte zwischen den Kultusministerien angestoßen, welche versuchten, eine gemeinsame Empfehlung bezüglich der Themen „Friedenssicherung, Verteidigung und Bundeswehr im Unterricht" zu formulieren. Aufgrund der sich vertiefenden Meinungsunterschiede über die Verteidigungspolitik in jenen Jahren einigten sich die Ministerien jedoch nicht auf einen gemeinsamen Empfehlungstext. Stattdessen kam es im Juni 1983 in Kiel zu einer getrennten Vorlage von Empfehlungsentwürfen der von CDU und SPD regierten Länder.[40] Die Gemeinsamkeit, welche dem SPD-Entwurf und dem Entwurf der CDU zu Grunde liegt, ist der Ausgang von unkritisierbaren ideologischen Grundlagen der Friedenserziehung, welche sich auf politische Doktrinen stützten und von einer Bedrohung durch die Staaten des Warschauer Vertrags ausgingen, militärische Abschreckung als Basis für militärisches Gleichgewicht sahen und die Bündnistreue zur NATO voraussetzten.[41] Auch die Kultusministerien der SPD-Länder kommen dem Wunsch des Verteidigungsministers nach, den Auftrag der Bundeswehr und ihr Selbstverständnis im Unterricht zu vermitteln und schlagen dafür eine kontroverse Auseinandersetzung mit Thesen und deren Gegenthesen bezüglich der Sicherheitspolitik im Schulunterricht vor. Ein Unterschied der Entwürfe liegt bei der Behandlung des Themas „Wehrpflicht": Während der Entwurf der SPD von den Schülern fordert, die Entscheidung für eine potentielle Verweigerung des Wehrdienstes reflektiert treffen und begründen zu können, geht aus dem Entwurf der CDU eindeutig hervor, dass die Schulen die männli-

---

[38] Vgl. BMVg, Teil 3. Die 70er und 80er Jahre.
[39] Protokoll NS 201. KMK, 4./5. 12. 1980, Freiburg S. 10-12, entnommen aus: Lutz, 1984, S. 49.
[40] Kultusministerkonferenz: Zur Geschichte der KMK, in: www.kmk.org.
[41] Vgl. Popp, 1984, S. 77.

chen Schüler auf den Wehrdienst vorbereiten müssen. Im Entwurf der CDU wird zudem die Einbeziehung von Jugendoffizieren in den Schulunterricht sowie Besuche bei der Truppe angesprochen und betont, dass diese keine Ausnahmen sein sollen. Der Einbezug von KriegsdienstgegnerInnen in den Unterricht wird eindeutig abgelehnt. Außerdem wird eine Verankerung der Thematik der „Friedenssicherung der Bundeswehr" in den Hochschulen und deren Prüfungsordnungen gefordert. Die beiden Entwürfe wurden nach der gescheiterten Einigung auf einen Kompromiss in der KMK als richtungweisende Erlasse für die Bildungspolitik der jeweiligen Länder übergeben.[42] In einem Dokument des Verteidigungsministeriums von 1982 wird laut dem „Spiegel" das „freundliche Entgegenkommen" der Kultusministerien und Schulbehörden als weitestgehend positiv bewertet. Dies zeige deutlich die verschärften Bemühungen und den Erfolg der Bundeswehr, in den Schulen Fuß zu fassen. „Die ‚Vielzahl von Friedensinitiativen', so das Verteidigungsministerium, mache ‚sicherheitspolitische Öffentlichkeitsarbeit notwendiger denn je'. Friedensfreunde, alternative und geburtenschwache Jahrgänge haben den Militärs Angst gemacht, das Soll von jährlich 200.000 bis 225.000 Wehrpflichtigen bald nicht mehr decken zu können".[43] Weiter berichtet der Artikel, dass die Schule ihren Gehorsamsanspruch und eine „Erziehung zum Dienen" mit mehr Nachdrücklichkeit durchsetzen müsse und zudem „den Schülern ‚mehr Aufmerksamkeit und Hingabe an diesen Staat' einbleuen, eine ‚erlebbar gemachte Bindung an Geschichte, Heimat und Vaterland'."[44] Im Anschluss an die Debatte der KMK und auf dem Höhepunkt der Auseinandersetzungen um den NATO-Doppelbeschluss erließ der damalige Kultusminister Baden-Württembergs Mayer-Vorfelder (CDU) am 22. Juli 1983 die Verwaltungsvorschrift „Friedenssicherung und Bundeswehr im Schulunterricht", in der Kriegsdienstverweigerern und VertreterInnen von Friedensorganisationen der Besuch des Schulunterrichts verboten wurde. Dieser Zusatzerlass traf VertreterInnen aller Friedensorganisationen, die bis zu diesem Zeitpunkt zu mehreren hundert Veranstaltungen, alleine oder gemeinsam mit Jugendoffizieren, eingeladen wurden. Erst seit 2004 wurde es auf Drängen der GEW und der DFG-VK VertreterInnen von Friedensorganisationen wieder erlaubt, als Fachleute im Schulunterricht aufzutreten.[45] Es fand zu Zeiten der Friedensbewegung also nicht nur eine Intensivierung der Zusammenarbeit zwischen der Bundeswehr und Schulen statt, sondern gleichzeitig wurde die Möglichkeit einer kontroversen Darstellung der Sicherheitsthematik verhindert, indem die Sichtweise der Friedensbewegung rechtlich aus den Schulen verbannt wurde.

---

[42] Vgl. Popp, 1884, S. 77ff.
[43] O.V.: Der Spiegel, Nr. 38/1982, S. 56.
[44] Ebenda.
[45] Vgl. Pfisterer, 2011.

Es wird deutlich, dass die Wurzeln der Zusammenarbeit zwischen Schulen und Bundeswehr bzw. Lehrkräften und Jugendoffizieren auf der Ebene der Bundes- und Landesministerien zu suchen sind und diese sowie der Versuch einer Intensivierung der Kooperation keinesfalls eine Erscheinung des 21. Jahrhunderts sind, sondern bis in die Anfänge der Bundesrepublik zurückreichen. Die Darstellung der Entwicklung dieser Zusammenarbeit zeigt, dass immer wenn der „Verteidigungswillen" der Bevölkerung durch Friedensbewegungen abnahm, besondere Maßnahmen von der Bundeswehr ergriffen wurden, um ihren Einfluss auf den Schulunterricht zu stärken und so die heranwachsenden Generationen und potentiellen Rekruten von der Notwendigkeit militärischer Mittel zu überzeugen. Der Einfluss der Friedensbewegung und der daraus entstandenen „Friedenspädagogik" auf die politische Bildung wurde immer wieder durch Bemühungen der Bundeswehr, neue Weisungen der Kultusministerien zur Behandlung sicherheitspolitischer Themen durchzusetzen, zurückgedrängt.

4. Rahmenbedingungen der Zusammenarbeit heute

4.1 Die Transformation der Bundeswehr seit den 1990er Jahren

Nach dem Ende des Kalten Krieges und der Wiedervereinigung Deutschlands begann in den 90er Jahren ein Wandel der Aufgaben der Bundeswehr weg von den „klassischen Aufgaben" wie Landesverteidigung und militärische Abschreckung. Die neue Ausrichtung der Bundeswehr nach dem Motto „Helfen, Retten, Schützen", wie es der ehemalige Generalinspekteur Dieter Wellershoff benannte, diente der Legitimation von „out-of-area"-Einsätzen, um weltweit ökonomische, ökologische und militärische Stabilität zu sichern und somit die „deutschen Interessen" zu wahren.[46] In das Aufgabenspektrum der Bundeswehr traten zunehmend militärische Operationen jenseits von Krieg, wie beispielsweise das Überwachen von Friedensvereinbarungen, das Vermitteln zwischen und Trennen von Konfliktparteien, das Sichern von Grenzen (auch gegen Migrationsbewegungen), Einsätze im Inneren, humanitäre Hilfe bei Naturkatastrophen oder Unterstützung des Wiederaufbaus in Krisenregionen.[47] Langsam wurden die Gesellschaft und die Bundeswehr auf Einsätze außerhalb der Landesverteidigung eingestimmt. 1973/74 und 1978 war die Bundeswehr im Nahen Osten, 1988/89 in Somalia und 1989 im Sudan bei Einsätzen im Transportwesen tätig. 1991 hatte sie sich bereits an einer Suche nach Mienen- und Massenvernichtungswaffen im Persischen Golf beteiligt und 1992 wurden deutsche Soldaten nach Kambodscha gesandt, um den dortigen Einsatz mit der Bereitstellung eines Feldlazarettes zu unterstützen. Ein weiterer Auslandseinsatz deutscher Soldaten folgte ein Jahr später im Rahmen der Überwachung des Luftraums über Jugoslawien mit Aufklärungsflugzeugen der NATO. Seit einem Urteil des Bundesverfassungsgerichtes vom 12. Juli 1994 sind laut dem Grundgesetz militärische Einsätze auch außerhalb der Bündnisgrenzen zugelassen. Bereits 1995 folgte der erste „echte" militärische, von NATO, EU und UNO legitimierte Einsatz im ehemaligen Jugoslawien.[48] Seit den 1990er Jahren müssen SoldatInnen der Bundeswehr auf dem Balkan, in der Kaukasusregion, am Horn von Afrika, im Nahen Osten und auf dem Afrikanischen Kontinent ihren Dienst leisten.[49] Dieser Wandel der Bundeswehr, hin zu einer weltweit agierenden Armee im Einsatz, geriet unter zunehmenden Legitimationsdruck gegenüber der Bevölkerung. Die Zahl der Wehrdienstverweigerungen stieg infolgedessen trotz kleinerer Jahrgänge an. Während 1994 146.000

---

[46] Vgl. Bald, 2005, S. 144f.
[47] Vgl. Kümmel, 2005, S. 52.
[48] Vgl. Bald, 2005, S. 146ff.
[49] Vgl. BMVg, 2006, S. 22.

Zivildienstleistende im Einsatz waren, wurden 1995 160.569 Kriegsdienstverweigerungen, darunter 2.322 Soldaten und 840 Reservisten, eingereicht.[50] Immer intensiver mussten die Jugendoffiziere über sicherheitspolitische Zusammenhänge im Allgemeinen „informieren" und die inhaltliche Ausrichtung der Argumentation für die Verteidigungspolitik hat sich zunehmend vom „wie" zum „warum" entwickelt. Die Hauptaufgabe der Jugendoffiziere lag zu dieser Zeit darin, der Bevölkerung und den zukünftig Wehrpflichtigen die Gründe für die weltweiten Einsätze klarzumachen.[51]

4.2 Militarisierung nach den Anschlägen des 11. Septembers 2001

Mit den Anschlägen des 11. Septembers 2001 auf das World Trade Center und das Pentagon vollzog sich eine weitere Militarisierung der Streitkräfte und der deutschen Außenpolitik. Mit dem von George W. Bush, Jr. ausgerufenen „Krieg gegen den Terror" gewannen die „klassischen" Funktionen des Militärs, wie Verteidigung, Abschreckung und Angriff, scheinbar auch in Deutschland wieder an Bedeutung zurück und „Kampfaufgaben" wurden, wie beim Einsatz in Afghanistan seit 2001, wieder in den Mittelpunkt gerückt.[52] Militärische Einsätze im Ausland werden jedoch nicht mehr aufgrund unmittelbarer Bedrohungen vollzogen, sondern mit abstrakten, globalen Risiken begründet, wie beispielsweise Terrorismus, Piraterie oder der Verletzung von Menschenrechten.[53] Die Einsatztruppen stehen heute meist nichtstaatlichen Gewaltakteuren gegenüber, welche oft nicht an einer Lösung von Konflikten interessiert sind, sondern von diesen profitieren. Seit dem Wandel der Aufgaben der Bundeswehr von der Landesverteidigung hin zu „out-of-area"-Einsätzen geriet im Zuge der Angst vor terroristischen Anschlägen auch die Option des Einsatzes der Bundeswehr im Inneren zunehmend in Erwägung. Die Bundesregierung versucht seitdem, gegen verfassungsrechtliche Hürden, die Möglichkeiten des Einsatzes der Bundeswehr im Inneren zu erleichtern.[54]

---

[50] Vgl. Bald, 2005, S. 151.
[51] Vgl. Witt, 1984, S. 25.
[52] Vgl. Kümmel, 2005, S. 53.
[53] Vgl. Kanter / Sandawi, 2005, S. 43.
[54] Vgl. Fiebig / Pietsch, 2010, S. 100.

4.3 Legitimationsprobleme der Bundeswehr

Seit dem Jahr 2000 hat sich die Aussage vom damaligen Verteidigungsminister Peter Struck, „die Sicherheit Deutschlands wird auch am Hindukusch verteidigt", in die sicherheitspolitischen Debatten eingebrannt und steht stellvertretend für die neue außenpolitische Ausrichtung der Bundeswehr. Folgende Studien zeigen, wie die deutsche Bevölkerung zu dieser neuen Ausrichtung der Sicherheitspolitik steht: Im Jahre 2008 betrug die Zustimmung der Bevölkerung zum Einsatz von „Friedenstruppen" der Vereinten Nationen (VN) in Afghanistan, laut des Sozialwissenschaftlichen Instituts der Bundeswehr (SOWI), 64%. Von rund einem Drittel der Befragten wurde jedoch bezweifelt, dass dieser Einsatz Afghanistan helfe, sich zu einem freien, sicheren und wohlhabenden Land zu entwickeln. 19% glaubten, diese Chancen werden durch den Einsatz verhindert, und 31% sahen in diesem eine Erhöhung der Bedrohung der Sicherheitslage in Deutschland. Im Allgemeinen wurde der Einsatz von 36% als Erfolg, von 38% als teilweise erfolgreich und von 17% als Misserfolg gesehen. Den Einsätzen von „Friedenstruppen" der NATO und der EU im Kosovo, in Bosnien und Herzegowina stimmten jeweils 70% der Befragten zu.[55]

Obwohl auch ablehnende Haltungen der Bevölkerung gegenüber dem Einsatz in Afghanistan zum Ausdruck kommen, erscheinen durch die Studie des SOWI die Einstellungen der Bevölkerung zur Bundeswehr und ihrem weltweiten Agieren als leicht positiv. Eine andere im Jahre 2008 durchgeführte Studie im Auftrag der Abteilung medizinische Psychologie und medizinische Soziologie der Universität Leipzig vom Meinungsforschungsinstitut USUMA, bezüglich militaristischer und antimilitaristischer Einstellungen in der Bevölkerung, kann jedoch auf andere Ergebnisse verweisen. Diese zeigen, dass der Großteil der deutschen Bevölkerung möchte, dass weniger Geld für Rüstung ausgegeben wird, und glaubt, dass schon die Androhung von militärischen Mitteln Schaden anrichtet. Außerdem hält die Mehrheit der Befragten Kriege für moralisch verwerflich und bezweifelt eine Rechtfertigung von Kriegen durch den Schutz von Freiheit und Menschenrechten. Mehr militaristische Zustimmung als Ablehnung gibt es lediglich dafür, dass die Bundeswehr mit moderner Technik ausgestattet sein muss und ein Staat militärische Stärke brauche, um verhandeln zu können. Im Großen und Ganzen reagiert die Bevölkerung, dieser Studie zu Folge, emotional negativ auf Militärisches.[56] Nach einer Umfrage des Meinungsforschungsinstituts Forsa von 2009, im Auftrag des Sterns, befürworteten 55% einen Rückzug der deutschen SoldatInnen aus Afghanistan und nur 38% sprachen sich gegen einen Ab-

---

[55] Vgl. Fiebig / Pietsch, 2010, S. 98f.
[56] Vgl. Chors / Brähler, 2009, S. 52f.

zug aus.[57] Auch im Jahresbericht der Jugendoffiziere von 2009 wird darauf hingewiesen, dass Jugendliche die militärischen Einsätze der USA im Irak und in Afghanistan überwiegend ablehnen.[58]

Die Bevölkerung steht dem weltweiten militärischen Einsatz der Bundeswehr also durchaus kritisch gegenüber. Diese Tatsache ist Anlass für die Bundeswehr, ihren Einfluss auf die heranwachsenden Generationen in ihrem Interesse zu verstärken und die Kooperation mit den Kultusministerien zu intensivieren.

4.4 Rekrutierungsprobleme der Bundeswehr

Doch nicht nur die Remilitarisierung der Außenpolitik und die ablehnende Haltung der Bevölkerung gegenüber dieser, sondern auch die Umstrukturierungen der Bundeswehr, wie die 2011 in Kraft getretene Wehrdienstreform und damit einhergehende Rekrutierungsprobleme, bieten Anlass zu verstärkten Bemühungen im Einsatz an Schulen. Aus dem Jahresbericht der Jugendoffiziere von 2010 geht hervor, dass die Jugendlichen die Legitimation von Streitkräften grundsätzlich nicht hinterfragen und die Bundeswehr in dieser Gruppe breit akzeptiert ist. Die Bereitschaft selbst Wehrdienst abzuleisten ist jedoch nicht sehr verbreitet. Bezüglich der Einstellungen von Jugendlichen wird daher folgendes Fazit gezogen: „Bundeswehr ja – aber ohne mich!"[59]

Ab dem 01. Juli 2011 wurde nach einem Beschluss des Bundestages die Wehrpflicht offiziell ausgesetzt und zugleich der freiwillige Wehrdienst eingeführt. Der Verteidigungsminister Thomas de Maizière erklärte, das Land brauche moderne, leistungsstarke, wirksame, international geachtete, im Bündnis verankerte und nachhaltig finanzierbare Streitkräfte, die sich flexibel neuen Herausforderungen anpassen können.[60] Dafür benötige man, statt einer großen Zahl von Soldaten, professionelle Streitkräfte. „Eine Wehrpflichtarmee lässt sich erstens sicherheitspolitisch nicht mehr begründen, sie ist zweitens militärisch auch nicht mehr erforderlich und drittens wäre eine umfassende Wehrgerechtigkeit nicht mehr gewährleistet"[61], so de Maizière. Der zukünftige Bundeswehrumfang soll von 250.000 auf 185.000 Soldatinnen und Soldaten reduziert werden und zusätzlich aus 55.000 zivilen Mitarbeiterinnen und Mitarbeitern bestehen. Die Streitkräfte setzen sich aus 170.000 Berufs- und Zeitsoldatinnen und Soldaten (Reservistinnen und Reservisten eingeschlossen) und aus einer Anzahl von 5.000 bis zu

---

[57] Vgl. Stern, 2009.
[58] BMVg: 2009, S. 12.
[59] BMVg, 2010, S. 22.
[60] Vgl. De Maizière, 2011.
[61] De Maizière, 2011.

15.000 freiwillig Wehrdienstleistenden zusammen. Für Einsätze sollen ca.10.000 Soldatinnen und Soldaten zeitgleich verfügbar sein.[62] Bereits über 20% der freiwilligen Wehrdienstleistenden haben in den ersten Monaten ihren Dienst quittiert.[63] Es kann davon ausgegangen werden, dass sich, mit der Einführung der Freiwilligenarmee, das BewerberInnenpotential der Bundeswehr stark verschieben wird und verstärkte Bemühungen angestrebt werden, sich Zugang zu potentiellen RekrutInnen zu verschaffen. Auch diese Tatsache stellt die Bundeswehr vor Herausforderungen und ist Anlass für Werbemaßnahmen und verstärkte Öffentlichkeitsarbeit, welche die Rekrutierungsprobleme ausgleichen sollen.

4.5 Die Werbeoffensive der Bundeswehr

Die Zunahme der Bemühungen der Bundeswehr, den Einfluss auf das Bildungssystem zu intensivieren, ist in den Kontext einer erweiterten Werbeoffensive eingebunden. Die Ausgaben der Nachwuchswerbung für die Armee sind in den letzten Jahren massiv angestiegen. Während die Kosten für Nachwuchswerbung der Bundeswehr 2009 noch bei 12 Mio. Euro lagen, waren diese für 2012 bereits auf 29 Mio. Euro veranschlagt.[64] Neben den Jugendoffizieren der Bundeswehr, die ausdrücklich nicht zur Nachwuchswerbung eingesetzt werden dürfen, gibt es die WehrdienstberaterInnen der Bundeswehr, deren Aufgabe es ist, für den Wehrdienst und eine berufliche Laufbahn bei der Bundeswehr zu werben. Das Dienstpostensoll der Wehrdienstberatungsoffiziere beträgt 109, von denen im Jahr 2009 98 und im Februar 2011 105 Dienstposten besetzt waren. Das Dienstpostensoll der Wehrdienstberatungsfeldwebel beträgt 281.[65] Im Jahr 2010 fanden neben Veranstaltungen an Arbeitsämtern, Hochschulen oder Messen 12.935 Werbeveranstaltungen von WehrdienstberaterInnen an Schulen statt.[66] Im Vergleich zum Vorjahr (12.648 Veranstaltungen 2009) wird ein leichter Anstieg deutlich.[67] Neben den Vorträgen von WehrdienstberaterInnen in Schulen oder bei sonstigen Veranstaltungen hat die Bundeswehr noch allerhand weitere Werbemaßnahmen im Petto, um ihren Bedarf an neuen Rekruten zu decken:

Seit 2006 ist der „KarriereTreff" der Bundeswehr im Einsatz, der dazu dient, die Bundeswehr als Arbeitgeber darzustellen. Im Mittelpunkt des „Karriere-Treffs" steht der begehbare „KarriereTruck", in dem sich Jugendliche an Touchscreen-Monitoren über berufliche Möglichkeiten bei der Bundeswehr informie-

---

[62] Vgl. BMVg, 18.05.2011.
[63] Vgl. Brendle, 2011, Stern, Dez. 2011.
[64] Vgl. IMI, Oktober 2011.
[65] Vgl. Bundesregierung, 2011, S. 5.
[66] Vgl. ebenda, S. 6.
[67] Vgl. Bundesregierung, 2010, S. 22.

ren können. Außerdem stehen WehrdienstberaterInnen mit Auskünften und Werbematerialien zur Verfügung. Zusätzlich ist oftmals auch der „KinoTruck" im Einsatz, in dem 3-D-Armeefilme angeschaut werden können. Auch eine Kletterwand, das Bundeswehr-Quiz „Auf Zack", ein Flugsimulator oder Fahrzeuge der Bundeswehr sind meist mit von der Partie. Oftmals treten auch bekannte Musikgruppen im Rahmen der mehrtägigen Werbeveranstaltung auf. Die Ausrüstung des „KarriereTreffs" spricht vor allem Jugendliche an. Es geht hierbei nicht darum, über Risiken von Einsätzen aufzuklären oder über den Sinn und Zweck der Bundeswehr nachzudenken. Stattdessen sollen Jugendliche für die Bundeswehr geködert werden.[68] Im Jahr 2006 fand die Veranstaltung 15 Mal statt und im Jahr 2010 bereits 40 Mal, was die Bundeswehr 1.336.951,99 Euro aus ihrem Werbeetat kostete.[69] Für das Jahr 2011 waren bundesweit 33 „KarriereTreffs" geplant. „Bei allen Veranstaltungen können Schulklassen die Möglichkeit eines kostenfreien Bustransfers zum ‚KarriereTreff' und zurück in Anspruch nehmen".[70]

Bei den seit 2002 zweijährlich in der Sportschule für Bundeswehr stattfindenden „Bundeswehr-Olympix" nahmen 2008 rund 1.200 Jugendliche zwischen 16 und 18 Jahren an Wettkämpfen verschiedener Sportarten teil. Der Freiraum zwischen den Sportveranstaltungen wird von der Bundeswehr mit Werbeveranstaltungen, Flugsimulationen oder einer Ausstellung von Bundeswehrfahrzeugen gefüllt. Für die Veranstaltung sind in etwa 3.000.000 Euro veranschlagt.[71]

Eine weitere Maßnahme zur Nachwuchsgewinnung ist das Angebot von „Bundeswehr-Adventure-Games", welches sich an Mitglieder der Internet-Community „treff-bundeswehr.de" und LeserInnen des Jugendmagazins Bravo richtet.[72] Die Veranstaltung mit Abenteuercharakter beinhaltet beispielsweise simulierte Fallschirmsprünge oder Rettungsübungen und wird meist in Bundeswehrstandorten durchgeführt. Die „Bundeswehr-Adventure-Games" mit nur 30 TeilnehmerInnen dauern bis zu fünf Tage.[73]

„BW Musix" ist ein seit 2003 unregelmäßig stattfindender Musikwettbewerb, bei dem Jugendorchester, vor einer Jury der Bundeswehr, gegeneinander antreten. „Aus der Sicht der Bundeswehr sind natürlich auch die Öffentlichkeits- und Nachwuchsarbeit Gründe für diesen Wettbewerb: ‚Wir wollen unaufdringlich mitteilen, dass die Bundeswehr berufliche Möglichkeiten in vielen Bereichen bietet' (…)".[74] Auch die Bundeswehr BigBand gilt als „neue musikalische Ge-

---

[68] Vgl. Singe, 2010, S. 12.
[69] Vgl. Bundesregierung, 2011, S. 1.
[70] BMVg, in: bundeswehr-karriere.de.
[71] Vgl. Schulze von Glaßer, 2009, S. 2f; Vgl. Singe, 2010, S. 11.
[72] Siehe: treff-bundeswehr.de; bravo.de.
[73] Vgl. Schulze von Glaßer, 2009, S. 3.
[74] Zit. in: Schulze von Glaßer, 2009, S. 4.

heimwaffe"[75], denn mit ihr sind meist auch Werbematerialien, Militärfahrzeuge und WehrdienstberaterInnen im Einsatz.

Des Weiteren ist die Bundeswehr immer wieder auf Messen präsent. Für das Jahr 2011 war die Teilnahme an 52 Messen geplant. Neben der Bildungsmesse didacta in Stuttgart und der YOU-Jugendmesse in Berlin stehen beispielsweise auch die Freizeitmesse in Nürnberg, die internationale Handwerksmesse in München oder der Anästhesiecongress in Hamburg auf der Agenda.[76] Das Thema der Messen scheint dabei keine allzu große Rolle zu spielen.

Auch in bundeswehreigenen Online- und Printmedien wirbt die Bundeswehr um neue Rekruten. Die Werbe-Homepage www.treff.bundeswehr.de richtet sich an Jugendliche zwischen 14 und 17 Jahren und bietet neben Informationen zur Armee zahlreiche Unterhaltungsangebote wie Onlinespiele und Videos an. Laut der Bundesregierung gab es 2010 monatlich ca.195.000 Zugriffe auf diese Seite, wobei im Vergleich zum Vorjahr (168.000 Zugriffe 2009) ein leichter Anstieg zu verzeichnen ist.[77] Die Homepage www.bundeswehr-karriere.de richtet sich an Jugendliche bis 25 Jahre und enthält Informationen rund um die Berufsmöglichkeiten bei der Bundeswehr. Sie wurde im Jahr 2010 ca. 42.000 Mal aufgerufen. Für diese Homepage sind im Jahre 2010 Ausgaben in Höhe von 19.000 Euro entstanden.[78] Seit 2010 ist die Bundeswehr auch mit einem „youtubechannel" im Internet präsent, auf dem Videoausschnitte aus dem bundeswehrinternen Fernsehsender „Bundeswehr TV" anzusehen sind.[79] Im Jahresbericht der Jugendoffiziere 2010 heißt es: „In der Kommunikation zu sicherheitspolitischen Problemen kommt den Onlinemedien die wichtigste Bedeutung zu."[80] Ein wichtiges Printmedium der Bundeswehr für Jugendliche ist, neben allerhand Werbebroschüren, die „infopost". Dabei handelt es sich um ein kostenloses Jugendmagazin, welches vierteljährlich erscheint und sich an LeserInnen zwischen 14 und 20 Jahren richtet. Nach dem leitenden Redakteur Franz-Theo Reiß betrachtet das Heft die Bundeswehr nicht kritisch, sondern dient der Nachwuchswerbung.[81] Die Auflage der „infopost" betrug 2010 vierteljährlich 180.000 Exemplare, wobei Kosten in Höhe von 153.000 Euro entstanden.[82] Darüber hinaus besteht eine Kooperation der Bundeswehr mit dem Jugendmagazin „BRAVO", welches in seinen Medien beispielsweise über die „Bundeswehr-Adventure-Games" berichtet oder auf Ge-

---

[75] URL: http://www.bigband-bw.de/bigband-bw/historic.php (03.05.2011).
[76] Vgl. Bundesregierung, 2010.
[77] Vgl. Bundesregierung, 2011, S. 7.
[78] Vgl. ebenda, S. 8.
[79] Siehe: www.youtube.com/user/Bundeswehr.
[80] A.a.O. S. 22.
[81] Vgl. Schulze von Glaßer, 2009, S. 6.
[82] Vgl. Bundesregierung, 2011, S. 7.

winnspiele der Bundeswehr verweist[83], sowie mit dem Magazin „SPIESSER"[84]. Für die Kooperation mit diesen und weiteren Medien entstanden in den Jahren 2009 und 2010 Ausgaben von 40.000 Euro für Printmedien und 116.354,92 Euro für Radiomedien.[85]

Von der Bundeswehr werden auch Seminare und Events wie beispielsweise der Jugendpressekongress inszeniert. Einem Artikel der taz zufolge wurde bei den Veranstaltungen verschwiegen, dass es sich dabei um Veranstaltungen der Bundeswehr handelt. Stattdessen wurde bislang die so genannte „Young Leaders GmbH" als Veranstalter angegeben. Dieses Unternehmen führt seit mehreren Jahren Nachwuchsseminare im Auftrag des Verteidigungsministeriums durch. Hierbei findet eine bewusste Täuschung der Schüler und Schülerinnen statt, welche ohne ihr Wissen für Rekrutierungsveranstaltungen geködert werden.[86]

---

[83] In: bravo.de.
[84] In: spiesser.de.
[85] Vgl. Bundesregierung, 2011, S. 8.
[86] Vgl. Schmitz / Budweg, 2011.

5. Die Zusammenarbeit zwischen der Bundeswehr und Schulen

In diese außenpolitischen und gesellschaftlichen Zusammenhänge ist die vermehrte Bemühung der Bundeswehr einzuordnen, die Zusammenarbeit mit den Kultusministerien der Länder zu intensivieren. Auf Grund von kritischen Stimmen gegen ihr weltweites Agieren sowie des enorm steigenden Bedarfs an freiwilligen BundeswehrsoldatInnen rüstet sich die Bundeswehr durch Kooperationsvereinbarungen mit den Kultusministerien, in denen Grundsätze und Vereinbarungen zur zukünftigen Zusammenarbeit der Institutionen geregelt werden.

5.1 Kooperationsvereinbarungen zwischen der Bundeswehr und den Kultusministerien

Kooperationsvereinbarungen zwischen den entsprechenden Wehrbereichskommandos und Kultusministerien wurden seit 2008 in folgenden Bundesländern abgeschlossen[87]:

- Nordrhein-Westfalen (am 29.10.2008 CDU/FDP)
- Saarland (25.03.2009 CDU, modifizierte Fassung 12.04.2011)
- Baden-Württemberg (04.12.2009 CDU/FDP)
- Rheinland-Pfalz (25.02.2010 SPD)
- Bayern (08.06.2010 (CSU/FDP)
- Mecklenburg-Vorpommern (13.07.2010 SPD/CDU)
- Hessen (04.11.2010 CDU/FDP)
- Sachsen (21.12.2010 CDU/FDP)

Die Initiative für den Abschluss von Kooperationsvereinbarungen ging und geht zumeist vom Verteidigungsministerium aus. Am 16. Juli 2009 schrieb der ehemalige Verteidigungsminister Jung diesbezüglich einen Brief an den damaligen baden-württembergischen Ministerpräsidenten Oettinger (CDU), welcher die Anfrage an den damaligen Kultusminister Helmut Rau (CDU) weiterleitete. Der Inhalt des Anschreibens wurde jedoch nicht öffentlich gemacht. Schon im Dezember desselben Jahres wurde eine Kooperationsvereinbarung für Baden-

---

[87] Stand: Januar 2012.

Württemberg von Helmut Rau und Generalmajor Gert Wessels, Befehlshaber im Wehrbereichskommando IV, unterzeichnet.[88]

Folgender Wortlaut ist in der baden-württembergischen Kooperationsvereinbarung niedergeschrieben:

> „1. Eine lebendige Gesellschaft ist auf die Fähigkeit und Bereitschaft ihrer Mitglieder angewiesen, sich mit politischen Themen auseinanderzusetzen, den politischen Prozess zu verfolgen, sich an ihm zu beteiligen und Mitverantwortung zu übernehmen. Politische Bildung in der Schule zielt auf eine derartige Mündigkeit in der demokratischen Gesellschaft. In einer durch wachsende internationale Verflechtungen gekennzeichneten Welt bedarf es dabei in zunehmendem Maße einer Auseinandersetzung mit Fragen internationaler Politik, auch der Sicherheitspolitik.
>
> 2. Vor diesem Hintergrund schließen wir diese Kooperationsvereinbarung. Wir wollen gemeinsam einen Beitrag leisten, um Schulen und Lehrkräfte zu unterstützen, die mit ihren Schülerinnen und Schülern sicherheitspolitische Fragestellungen bearbeiten. Jugendoffiziere informieren im schulischen Kontext Schülerinnen und Schüler über die zur Friedenssicherung möglichen und/oder notwendigen Instrumente der Politik. Dabei werden Informationen zur globalen Konfliktverhütung und Krisenbewältigung genauso wie Informationen zu nationalen Interessen einzubeziehen sein. Die Schülerinnen und Schüler sollen so befähigt und motiviert werden, die Möglichkeiten der Friedenssicherung zu erörtern. Hierbei werden alle allgemein bildenden Schulen der Sekundarbereiche I und II und die beruflichen Schulen einbezogen. Jugendoffiziere werben nicht für Tätigkeiten innerhalb der Bundeswehr."[89]

In den meisten Punkten gleichen sich die Vereinbarungen der acht Bundesländer, es gibt jedoch auch Unterscheidungen. Die Gemeinsamkeiten der Kooperationsvereinbarungen liegen in der ähnlichen Formulierung der pädagogischen Ziele, die darauf hinwirken sollen, die Schülerinnen und Schüler über Sicherheitspolitik zu informieren und durch die Jugendoffiziere aufzuklären. Sie sollen zur eigenständigen Urteilsbildung und Beteiligung an sicherheitspolitischen Inhalten befähigt werden. In allen Dokumenten ist die Intensivierung der Zusammenarbeit zwischen der Bundeswehr und den zuständigen Ministerien sowie zwischen Jugendoffizieren und den Schulen vor Ort das Ziel der Vereinbarung. Es wird festgelegt, dass Jugendoffiziere verstärkt in die Aus-, Fort- und Weiterbildung von Referendarinnen und Referendaren sowie von Lehrkräften einbezogen werden sollen. Außerdem sollen die MitarbeiterInnen des Ministeriums und untergeordneten Behörden die Möglichkeit haben, an sicherheitspolitischen Semi-

---

[88] Vgl. Pfisterer, 2011.
[89] Kooperationsvereinbarung zwischen dem Ministerium für Kultus, Jugend und Sport Baden-Württemberg und Wehrbereichskommando IV Süddeutschland der Bundeswehr vom 04.12.2009.

naren der Bundeswehr und Besuchen in ihren Einrichtungen teilzunehmen. Die Ministerien verpflichten sich außerdem dazu, in ihren Online- und Printmedien auf die Bildungsangebote der Bundeswehr aufmerksam zu machen. In den meisten Vereinbarungen sind regelmäßige Auswertungsgespräche der Kooperationspartner und schriftliche Berichterstattungen der Jugendoffiziere zur Zusammenarbeit vereinbart. In Hessen und Mecklenburg-Vorpommern ist dabei vermerkt, dass die Schulen und Lehrkräfte die Verantwortung für die Vermittlung pluraler Standpunkte im Unterricht tragen. Auch wenn die Verantwortung über die Einbeziehung von Jugendoffizieren und sonstigen Angeboten der Bundeswehr bei den Schulen und bei den zuständigen FachlehrerInnen liegt, die selbstständig über eine Zusammenarbeit entscheiden können, wird diese Tatsache nur in den beiden zuletzt abgeschlossenen Vereinbarungen der Länder Hessen und Sachsen sowie der modifizierten Fassung des Saarlandes ausdrücklich formuliert und kommt in den anderen Dokumenten nicht eindeutig zum Ausdruck. In der sächsischen Vereinbarung werden zusätzlich die Intensivierung einer Zusammenarbeit mit der Landeszentrale für politische Bildung und Jugendoffizieren sowie die Kostenfreiheit von deren Angeboten betont. Die drei zuletzt unterzeichneten Vereinbarungen der Länder Hessen, Mecklenburg-Vorpommern und des Saarlandes (erste Fassung) berufen sich in den Schriften ausdrücklich auf die Einhaltung des Beutelsbacher Konsenses durch die Jugendoffiziere. Das Land Nordrhein-Westfalen hat 2001 eigene Rahmenvorgaben für die politische Bildung festgelegt. Eine derartige Institutionalisierung der Kooperation wurde bisher sowohl in Ländern mit der CDU als auch der SPD in der Regierungsmehrheit beschlossen. Signifikante Unterschiede der Inhalte kommen dabei nicht zum Tragen.

Die Kooperationsvereinbarung des Saarlandes wurde auf Drängen von Friedensorganisationen, Eltern-, SchülerInnen-, und LehrerInnenverbänden im April 2011 vom Kultusminister Kessel (Bündnis 90/Die Grünen) modifiziert und liegt nun in einer nahezu vollständig überarbeiteten Fassung vor. Es wird betont, neben den Jugendoffizieren auch verstärkt mit VertreterInnen aus der Friedensbewegung sowie anderer Organisationen und Einrichtungen zusammenzuarbeiten. Der Einbezug von Jugendoffizieren in die LehrerInnenaus- und LehrerInnenfortbildung wird nicht mehr ausdrücklich erwähnt.

Kritische Augen betrachten jedoch auch die modifizierte Fassung mit Sorge und sehen in dieser keine Abkehr des Einflusses der Bundeswehr auf die schulische Bildung. Darüber hinaus wird kritisiert, dass mit dieser Vereinbarung auch für andere gesellschaftliche Interessensgemeinschaften, wie beispielsweise Banken oder Wirtschaftskonzerne, die Türen in die Schulen offen sind und sehen darin eine schleichende Privatisierung des Bildungswesens.[90] In Rheinland-Pfalz wurde am 15.08.2011 zusätzlich eine Kooperationsvereinbarung zwischen dem Kultusministerium und dem „Netzwerk Friedensbildung Rheinland-Pfalz" unterzeichnet, um so eine stärkere Einbeziehung von Friedensorganisationen in die Schulen zu ermöglichen.

In Nordrhein-Westfalen hat das Ministerium für Schule und Weiterbildung im September 2011 einen Erlass verabschiedet, der ebenfalls den Einbezug von Friedensgruppen in den Schulunterricht fördern soll. Als Unterstützung wird den ReferentInnen eine Aufwandsentschädigung von 25 Euro (inklusive Fahrt- und Materialkosten) pro Unterrichtsstunde und 40 Euro pro Doppelstunde zur Verfügung gestellt.[91] Zahlreiche Friedensinitiativen, wie beispielsweise das Bündnis „Schule ohne Bundeswehr NRW" und „Schulfrei für die Bundeswehr" aus Rheinland-Pfalz, bezeichnen diesen Weg jedoch als „Feigenblatt" und lehnen eine derartige Lösung ab.[92] Im Koalitionsvertrag der seit 2011 in Baden-Württemberg bestehenden Koalition aus Grünen und SPD ist keine Abkehr oder Änderung der Kooperationsvereinbarung vorgesehen. Dort ist lediglich das Vorhaben niedergeschrieben, die politische Bildung in Schulen mit Projekten zur Friedenserziehung auszubauen.[93] In einem Schreiben vom 23.08.2011 an das Freiburger Friedensforum weist die baden-württembergische Kultusministerin Frau Warminski-Leitheußer darauf hin, dass sich die neue Koalition erst ein Bild von der Umsetzung der Kooperationsvereinbarung machen möchte, um dann das weitere Vorgehen bei diesem Thema zu besprechen.[94]

5.2 Rechtliche Grundlagen der Kooperationsvereinbarungen

Die Kooperationsvereinbarungen verpflichten Schulen nicht dazu, mit Jugendoffizieren zusammenzuarbeiten. Die Entscheidung über die Einbeziehung derselbigen in den Unterricht liegt bei den Schulen und den jeweiligen FachlehrerInnen. Die Jugendoffiziere weisen in ihren Anschreiben an Schulen und Lehrkräfte zumeist auf die Kooperationsvereinbarungen hin und nutzen den Weisungscharakter der durch die Kultusministerien unterzeichneten Vereinbarungen. Es kam laut Klaus Pfisterer, Landessprecher der DFG-VK Baden-Württemberg, zu Vorfällen, in denen Schulleitungen eigenständig Jugendoffiziere eingeladen haben,

---

[90] Vgl. Götz, 2011.
[91] Ministerium für Schule und Weiterbildung NRW, 2011.
[92] Vgl. Kapitel 10.
[93] Vgl. Koalitionsvertrag zwischen BÜNDNIS 90/DIE GRÜNEN und der SPD, Baden-Württemberg 2011 – 2016, S. 10.
[94] Vgl. Warminski-Leitheußer, 23.08.2011.

ohne rechtzeitig die FachlehrerInnen, deren Unterrichtsstunden beansprucht wurden, zu informieren. In diesen Fällen war es nicht möglich, die Schülerinnen und Schüler auf den Besuch des Jugendoffiziers vorzubereiten. In solchen Situationen ist es den FachlehrerInnen jedoch rechtlich möglich eine Zusammenarbeit mit den Jugendoffizieren zu verweigern. Schulleitungen können, wenn sie von ihrem Hausrecht Gebrauch machen, Jugendoffizieren den Zutritt zu den Schulen verweigern. Die GesamtlehrerInnenkonferenz hat, laut des baden-württembergischen Schulgesetzes, die Möglichkeit, einen Ausschluss von Jugendoffizieren aus der Schule zu beschließen, denn „die Beschlüsse der Gesamtlehrerkonferenz sind für Schulleiter und Lehrer bindend."[95] Schülerinnen und Schüler sind bei Besuchen der Bundeswehr zur Anwesenheit verpflichtet. „Verstöße gegen die Schulpflicht kann die Schule mit Zwangsmitteln durchsetzen. Die Schulpflicht entfällt auch nicht, wenn der Vortrag der Jugendoffiziere gegen das Neutralitätsgebot verstößt (...)".[96] Bei der Möglichkeit, Kinder auf Antrag der Eltern von derartigen Schulveranstaltungen befreien zu lassen, scheint es sich bislang um eine rechtliche Grauzone zu handeln. In der Regel sind schulische Veranstaltungen in Kooperation mit der Bundeswehr verpflichtend. Elternverbände sowie Friedens- und Menschenrechtsinitiativen wie „terre des hommes" raten jedoch dazu, Befreiungsanträge bei den Lehrkräften und Schulleitungen einzureichen und stellen für diesen Zweck online Musteranträge zur Verfügung. Einige Schulleitungen und Lehrkräfte genehmigen Freistellungen vom Unterricht auch um Aufruhr zu vermeiden, welcher die Schule in ein schlechtes Licht rücken könnte. Auch für angehende Lehrkräfte gibt es im Rahmen des Referendariats verpflichtende Veranstaltungen in Kooperation mit den Jugendoffizieren.[97]

5.3 Auswirkungen der Kooperationsvereinbarungen

Laut der Bundesregierung soll mit diesen Kooperationsvereinbarungen

> „die Zusammenarbeit im Rahmen der politischen Bildung im Bereich der Sicherheitspolitik entsprechend den Vorgaben der Verfassung, der Schulgesetze der Bundesländer und der Rahmenvorgaben für politische Bildung (...) intensiviert, die Kommunikation zwischen den Kultus- und Schulministerien der Länder und der Bundeswehr (...) über Sicherheitspolitik im Unterricht verbessert, die Teilnahme von Lehramtsanwärtern und Lehrern bei Aus-, Fort- und Weiterbildungen der Jugendoffiziere im Rahmen von sicherheitspolitischen Seminaren gefördert und die Informations- und Bildungsangebote der Jugendoffiziere in den Amtsblättern und

---

[95] §44 Schulgesetz Baden-Württemberg.
[96] Vgl. Thöne, Schreiben vom 19.08.2010.
[97] Siehe dazu Kapitel 7.6.

Onlinemedien der Schulministerien kommuniziert werden. Die Kooperationspartner sind sich bewusst, dass die Schulen in eigener Zuständigkeit über die Ausgestaltung der Umsetzung der Kooperationsvereinbarungen entscheiden."[98]

Die Vereinbarung dient als Türöffner für die Bundeswehr und ermutigt Lehrkräfte aufgrund der Legitimation durch das Kultusministerium dazu, auf die Angebote der Jugendoffiziere zurückzugreifen. Durch das Informationsangebot in den Medien der Kultusministerien lässt sich das Angebot der Jugendoffiziere weit unter die Lehrerschaft streuen. Vor allem durch die Einbeziehung der Jugendoffiziere in die Lehramtsausbildung werden einerseits Sichtweisen der Bundeswehr an zukünftige Lehrer und Lehrerinnen vermittelt und andererseits Kontakte für eine längerfristige Zusammenarbeit aufgebaut. Durch die Kooperationsvereinbarungen wird die Zusammenarbeit also in erheblichem Maße intensiviert. Auch die Bundesregierung erwartet aufgrund der institutionalisierten Kooperation eine verstärkte Nachfrage nach den Jugendoffizieren in den jeweiligen Bundesländern, denn

> „die ersten Erfahrungen in Nordrhein-Westfalen zeigen, dass sich die Kooperationsvereinbarung bewährt hat und noch mehr Vertrauen in der Zusammenarbeit zwischen den Schulen und den Jugendoffizieren entwickelt werden konnte. Hieraus resultierte auch eine verstärkte Nachfrage nach Informationsvorträgen der Jugendoffiziere in den Schulen."[99]

Die Jugendoffiziere, insbesondere die Bezirksjugendoffiziere, sind bemüht, auch in den anderen Bundesländern Vereinbarungen durchzusetzen. Es wurden bundesweit alle Länder angeschrieben, mit dem Ziel, derartige Kooperationsvereinbarungen zu schließen. In Bremen wurde eine Kooperation beispielsweise aus dem Grund abgelehnt, dass sich die Zusammenarbeit bewährt hat und der Abschluss einer Kooperationsvereinbarung nicht für notwendig gehalten wird.[100] Von Seiten der Bundeswehr wird bemängelt, dass bezüglich dieser Zusammenarbeit ein zu großer Spielraum besteht und gewünscht, die Einbeziehung von Jugendoffizieren in den Unterricht verbindlich festzulegen.[101] Es ist also davon auszugehen, dass die Bundeswehr mit der unverbindlichen Kooperationsvereinbarung nicht den gewünschten Einfluss auf das Bildungswesen erreicht hat, sondern Bestrebungen herrschen, die Kooperationsvereinbarungen in den restlichen Bundesländern durchzusetzen sowie diese in ihrer Verbindlichkeit zu intensivieren.

---

[98] Bundesregierung, 2010, S. 8.
[99] Ebenda, S. 9.
[100] Vgl. ebenda.
[101] Vgl. Rogge, 1979, S. 80.

Das Verteidigungsministerium nimmt durch Absprachen mit den Kultusministerien der Länder also weiterhin zunehmend Einfluss auf das Bildungswesen und somit auf die politische Bildung von Schülerinnen und Schülern. Dieser Einfluss manifestiert sich vorwiegend im Einbezug der Jugendoffiziere der Bundeswehr in den Schulunterricht. Im Folgenden werden die Arbeit sowie der Auftrag der Jugendoffiziere, als Akteure der politischen Bildung und Personifizierung der Militarisierung im Bildungswesen, genauer dargestellt.

6. Die Jugendoffiziere als Akteure politischer Bildung

„Die Informationsarbeit der Bundeswehr zielt (laut dem BMVg) vor allem darauf
ab, Vertrauen zu begründen, die Anerkennung der Bevölkerung zu erhalten,
Nachwuchs zu gewinnen sowie das berufliche Selbstverständnis und die Einsicht
des Soldaten zu fördern. Die Bundeswehr sucht, wo immer möglich, die direkte
Kommunikation mit dem Bürger. Informationsarbeit umfasst als Aufgabe nach außen die Teilgebiete Öffentlichkeitsarbeit, Pressearbeit und Nachwuchswerbung und
als Aufgabe nach innen die Truppeninformation."[102]

Die Jugendoffiziere der Bundeswehr werden seit 1958 als wichtiger Bestandteil
der Informationsarbeit im Rahmen der Presse- und Öffentlichkeitsarbeit der
Bundeswehr verstanden. Sie sollen heute den Sinn und Auftrag der deutschen
Streitkräfte verdeutlichen und der Öffentlichkeit als Experten für Sicherheits-
und Verteidigungspolitik zur Verfügung stehen. Der Schwerpunkt ihrer Arbeit
liegt dabei auf Schulbesuchen in den Oberstufen. Sie sind also weitestgehend in
der politischen Bildung tätig und sollten bisher unter anderem den künftigen
Wehrpflichtigen den Sinn des Wehrdienstes erläutern.[103] Zu ihrem weiten Aufgabenspektrum gehören auch das Mitwirken in der Ausbildung von ReferendarInnen und in der Weiterbildung von Lehrkräften, die Durchführung des Simula-
tionsspiels „Politik & Internationale Sicherheit" (POL&IS), die Organisation von
Seminarfahrten und Besuchen bei der Truppe sowie Öffentlichkeitsarbeit bei
Großveranstaltungen. Die einzelnen Aufgabenfelder der Jugendoffiziere werden
im Verlauf dieses Kapitels genauer betrachtet. Die Zielgruppe der Jugendoffiziere ist ab dem 14. Lebensjahr nach oben offen, wobei jedoch hauptsächlich die
Generation der Heranwachsenden und MultiplikatorInnen, wie ReferendarInnen
und Lehrkräfte, erreicht werden sollen.[104] Das Dienstpostensoll der Jugendoffiziere beträgt bundesweit insgesamt 94, von denen 2011 jedoch nur 89 Stellen
besetzt waren. Eine Vollbesetzung gab es zuletzt im Jahr 2008.[105] Darüber hinaus sind seit 2005 in allen Bundesländern insgesamt 16 Bezirksjugendoffiziere
im Einsatz, welche die Zusammenarbeit mit den Kultusministerien, Schulen und
anderen Bildungseinrichtungen koordinieren. Des Weiteren gibt es 250 nebenamtliche Jugendoffiziere, um die Arbeit der hauptamtlichen Jugendoffiziere zu

---

[102] BMVg: ZDv 10/1. Zf. 361; 362. Zit. in: Cassens, 2006, S. 16f.
[103] Vgl. BMVg, 2009, Handbuch der JgdOffz, S. 9.
[104] Vgl. Bach, 2009, S. 3.
[105] Vgl. Bundesregierung, 2011, S. 5.

unterstützen und um in Kasernen als Ansprechpartner für die Schülerinnen und Schüler zur Verfügung zu stehen.[106]

6.1. Die Ausbildung der Jugendoffiziere

Bis heute sind die globalen Verstickungen rund um das Themenfeld der Sicherheitspolitik immer komplexer geworden. Daher sehen die Jugendoffiziere ihre Aufgabe vor allem darin, als Experten über die internationalen Zusammenhänge zu informieren. Um als Fachleute in diesem Bereich auftreten zu können, sind Jugendoffiziere Offiziere, die über mehrere Jahre Berufserfahrung bei der Bundeswehr verfügen, oft auf Erfahrungen in Auslandseinsätzen zurückblicken und ein Hochschulstudium absolviert haben.[107] Die Themenschwerpunkte der Ausbildung zum Jugendoffizier liegen auf dem Erlernen von rhetorischen Fähigkeiten wie Verhaltens- und Argumentationsweisen, der politischen Bildung zu Themen der Sicherheitspolitik und einer inhaltlichen Schulung zu strittigen Bundeswehrthemen. Auch Informationen über die Zielgruppe, wie Einstellungen, Verhaltensweisen und Interessen von Jugendlichen, sind Bestandteil der Ausbildung.[108] Laut der Webseite des Verteidigungsministeriums dauert diese intensive Ausbildung rund drei Monate und umfasst, neben Lehrgängen an der Akademie der Bundeswehr für Information und Kommunikation, auch eine Reise in die USA.[109] In einer Veröffentlichung zum 50-jährigen Jubiläum der Jugendoffiziere wird Hauptmann Csenda folgendermaßen zitiert: „Die wichtigsten inhaltlichen Punkte der Ausbildung umfassen zum einen, dass man noch mal ein intensives Kommunikationstraining erhält, darüber hinaus noch einmal eine thematische Vertiefung des Themenkomplexes Sicherheitspolitik und dass man entsprechend auf seine Tätigkeit als Jugendoffizier im Einsatz, sprich im Unterricht auf die Zielgruppe vorbereitet wird." Jedoch nicht nur das fachliche Wissen, sondern auch das persönliche Auftreten der Offiziere ist von erheblicher Bedeutung bei deren politischer Bildungsarbeit. Um einen besonderen Zugang zu den jungen Menschen zu gewährleisten, sind Jugendoffiziere meist selber nur zwischen 27 und 32 Jahre alt und bleiben nur bis zu drei Jahre auf diesem Dienstposten.[110] Die „Kommunikationsprofis" sollen Experte und Sympathieträger in einer Person sein,[111] denn oftmals sind Jugendoffiziere der erste und einzige Kontakt von Schülerinnen und Schülern zur Institution Bundeswehr. Sie stehen als „Mr. Bun-

---

[106] Vgl. Pfisterer, 2011.
[107] Vgl. Informations- und Medienzentrale der Bundeswehr, 2010, S. 19.
[108] Vgl. Humburg, 2008.
[109] Vgl. BMVg, Teil 5. Die Gegenwart.
[110] Vgl. Humburg, 2008.
[111] Vgl. BMVg, 2009, Handbuch der JgdOffz, S. 5.

deswehr" für den ganzen Offizierskorps und repräsentieren die Bundeswehr.[112] „Eine persönliche Meinung bleibt ihnen unbenommen. Sie müssen sie nur als solche kennzeichnen."[113] Fregattenkapitän Hans-Jürgen Maier wünschte sich das Auftreten des Jugendoffiziers als „frisch und jugendlich, (er) kann sogar noch etwas jungenhaft wirken. Er muss redegewandt, schlagfertig und mit einer Portion Humor begabt sein. Er soll ein Mensch sein, zu dem man gern Kontakt sucht und der seinerseits leicht Kontakt findet. Auch soll er ein ausgeprägtes Interesse am politischen und sonstigen Tagesgeschehen haben."[114]

6.2 Wirkungsbereich und Auftrag der Jugendoffiziere

6.2.1 Verbot von Nachwuchswerbung

Sowohl Nachwuchswerbung als auch die politische Bildung der Bundeswehr an Schulen werden von Seiten der Bundeswehr als Öffentlichkeitsarbeit verstanden. Dabei gibt es aber zumindest formal eine strikte Rollenverteilung zwischen den Jugendoffizieren und den WehrdienstberaterInnen. Seit 1961 ist festgelegt, dass Jugendoffiziere nicht um Nachwuchs für die Bundeswehr werben dürfen.[115] Sowohl im Handbuch für Jugendoffiziere als auch in den meisten Kooperationsvereinbarungen zwischen den Kultusministerien und der Bundeswehr wird deutlich auf diesen Aspekt hingewiesen. In diesem Sinne wird unter Nachwuchswerben das Darstellen der Berufs- und Aufstiegsmöglichkeiten innerhalb der Bundeswehr verstanden. Für die Anwerbung von Nachwuchskräften für die Bundeswehr sind allein die WehrdienstberaterInnen zuständig, welche wie die Jugendoffiziere im Bereich Öffentlichkeitsarbeit angesiedelt sind. Ihre Aufgabe ist es, möglichst viele BewerberInnen für eine Laufbahn bei der Bundeswehr zu gewinnen. Während sich die Jugendoffiziere eher mit dem „warum" der Bundeswehr und der Begründung ihrer Einsätze auseinandersetzen, informieren die WehrdienstberaterInnen über Berufsmöglichkeiten und Aufstiegschancen bei der Bundeswehr.[116] Da Jugendoffiziere weitestgehend in der politischen Bildung tätig sind, sind diese dazu verpflichtet, sich an die Richtlinien für politische Bildung zu halten.

---

[112] Vgl. BMVg, 2009, Handbuch der JgdOffz, S. 7.
[113] BMVg, 2009, Handbuch der JgdOffz, S. 6.
[114] Hans Jürgen Meyer, zit. nach: Witt, 1984, S. 26.
[115] BMVg, Teil 1. Die Gründerjahre.
[116] Vgl. BMVg, Moritz am 11.03.2010.

6.2.2 Der Beutelsbacher Konsens als Richtlinie für die politische Bildung

Unter politischer Bildung werden alle intendierten Maßnahmen verstanden, die auf eine Veränderung der politischen Einstellungen und Verhaltensweisen von Personen und Gruppen abzielen.[117] Politische Bildung in Schulen hat das Ziel, die Grundlagen der politischen Ordnung zu vermitteln und die Schülerinnen und Schüler zu politischer Urteilsfähigkeit zu befähigen.[118] Bei dem Beutelsbacher Konsens handelt es sich um Richtlinien für die politische Bildung, um zu verhindern, dass diese instrumentalisiert wird. Die Richtlinien beruhen auf dem Minimalkonsens einer Tagung im Jahre 1976, an welcher DidaktikerInnen verschiedener Richtungen teilnahmen. Die Grundsätze sind dem Protokoll dieser Sitzung zu entnehmen und bieten Orientierung für die Lehrpläne in Sozial- und Gemeinschaftskunde sowie die politische Bildung bei der Bundeswehr.[119] Der Beutelsbacher Konsens definiert Qualitäten pädagogischen Handelns in der politischen Bildung, ohne dabei bestimmte inhaltliche Ziele vorauszusetzen.

Er setzt sich aus folgenden drei Grundsätzen zusammen: Das Überwältigungsverbot besagt: „es ist nicht erlaubt, den Schüler – mit welchen Mitteln auch immer – im Sinne erwünschter Meinungen zu überrumpeln und damit an der ‚Gewinnung eines selbstständigen Urteils' zu hindern".[120] Politische Bildung ist nach diesem Grundsatz das Gegenteil von Instrumentalisierung.[121] Um das Überwältigungsverbot einhalten zu können, muss der zweite Grundsatz des Beutelsbacher Konsens, das Kontroversitätsgebot, gewährleistet werden. Dieses besagt: „Was in Wissenschaft und Politik kontrovers ist, muss auch im Unterricht kontrovers erscheinen". Dabei dürfen keine Standpunkte und Optionen unterschlagen werden oder Alternativen unerörtert bleiben.[122]

Der dritte Grundsatz scheint mir in Anbetracht der Diskussion um die Bundeswehr in Schulen als nachrangig, soll aber der Vollständigkeit wegen erwähnt werden. Er beinhaltet das Ziel, dass Schülerinnen und Schüler durch die politische Bildung in die Lage versetzt werden müssen, ihre eigene Interessenslage zu analysieren und nach Mitteln und Wegen zu suchen, die Lage im Sinne ihrer Interessen zu beeinflussen.[123] Von verschiedenen Didaktikern, wie beispielsweise Herbert Schneider, wurden diesen Grundsatz betreffend Änderungsvorschläge gemacht. Politische Bildung müsse demnach nicht nur zur Veränderung im Sinne

---

[117] Vgl. Schierholz, 1977, S. 11f.
[118] Vgl. Schneider 1999, S. 171.
[119] Vgl. Schiele, 1996, S. 1f.
[120] Landeszentrale für politische Bildung Baden-Württemberg.
[121] Vgl. Schiele, 1996, S. 3.
[122] Landeszentrale für politische Bildung Baden-Württemberg.
[123] Ebenda.

der eignen Interessen befähigen, sondern dabei auch die Mitverantwortung für das soziale Zusammenleben und das politische Ganze tragen.[124]

Die Richtlinien der politischen Bildung nehmen bei der Untersuchung der Zusammenarbeit zwischen den Schulen und der Bundeswehr eine wichtige Rolle ein und sind zugleich in dieser schwer zu fassen. Zum einen ist der Beutelsbacher Konsens von Bedeutung, weil sich die Länder Hessen, Sachsen und Mecklenburg-Vorpommern in den Kooperationsvereinbarungen direkt auf diesen verpflichten, zum anderen ist interessant, dass sich bei der Kontroverse um diese Zusammenarbeit sowohl die Befürworter als auch die Gegner der Zusammenarbeit auf das Überwältigungsverbot und das Kontroversitätsgebot beziehen und diese Grundsätze als Argumentationsgrundlage ihrer Position nutzen. Die Gegner einer Einbeziehung von Jugendoffizieren in den Sozialkundeunterricht und sonstiger Zusammenarbeit zwischen den Institutionen prangern an, dass durch diese das Überwältigungsverbot sowie das Kontroversitätsgebot gebrochen werden, da die Jugendoffiziere logischerweise die verteidigungspolitischen Prinzipien der Bundeswehr vertreten und militärische Mittel als notwendig dargestellt werden, ohne pazifistische Gegenpositionen glaubwürdig in die Darstellungen einzubeziehen.[125] Aber auch von Seiten der Bundeswehr wird ihr Einsatz in den Schulen durch die Selbstverpflichtung, sich an diese Grundsätze der politischen Bildung zu halten, legitimiert. In einem Antwortschreiben auf eine Petition gegen den Einsatz von Jugendoffizieren heißt es von Seiten des Verteidigungsministeriums:

„Die Jugendoffiziere kommunizieren ihre Fachinhalte auf Grundlage sowohl des Beutelsbacher Konsens von 1976 als auch des Münchner Manifests von 1997. Damit verfolgen sie einen ganzheitlichen und pluralistischen Bildungsansatz, der im methodisch-didaktischen Vorgehen schülerorientiert ist und sich besonders dem Kontroversitätsgebot und dem Überwältigungsgebot [sic!] verpflichtet fühlt."[126]

Ob es sich bei der Aussage um einen „Freud'schen Versprecher" handelt, bzw. inwieweit der Beutelsbacher Konsens tatsächlich in der politischen Bildung der Jugendoffiziere eingehalten wird oder eingehalten werden kann, wird im Anschluss an die Darstellung und Analyse dieser politischen Bildung zu beantworten versucht.

---

[124] Vgl. Schneider, 1996, S. 227f.
[125] Vgl. hierzu z.B.: Pfisterer, 2011; Lutz 1984.
[126] BMVg, Moritz am 11.03.2010.

7. Die Umsetzung der Zusammenarbeit in der Praxis

Im Jahr 2009 führten die hauptamtlichen Jugendoffiziere 7.245 (-10,1 % gegen- über 2008) Veranstaltungen mit insgesamt 182.522 (-8,4% gegenüber 2008) Teilnehmenden durch, wobei Jugendliche ab 14 Jahren mit ca. 160.000 Teilneh- menden den Großteil der erreichten Personen darstellten. Bezüglich der Einsatz- zahlen ist ein leichter Rückgang zum Vorjahr zu verzeichnen, was darauf zu- rückzuführen ist, dass 2009 durchschnittlich 5,5 Dienstposten der hauptamtli- chen Jugendoffiziere unbesetzt blieben.[127] Im Jahr 2010 hielten sich die Zahlen relativ konstant. Bei 7.350 Veranstaltungen wurden 176.862 TeilnehmerInnen erreicht.[128]

Der Jahresbericht 2010 äußert sich über eine positive Entwicklung der Einsatzzahlen: „2010 war bundesweit eine ungebrochene Nachfrage an Einsätzen und Veranstaltungen der Jugendoffiziere feststellbar. Diese übersteigt oftmals sogar die terminlichen Möglichkeiten für die Durchführung.“[129]

Da die Wahrnehmung der Angebote in der Verantwortung der Lehrkräfte liegt, haben die Jugendoffiziere zunächst den Auftrag, sich um die Kontaktauf- nahme zu den Schulen und Lehrkräften zu bemühen. Diese erfolgt meist über Anschreiben zu Beginn eines neuen Schuljahres an Schulen und Lehrkräfte ge- sellschaftswissenschaftlicher Fächer, in denen auf die Angebote der Jugendoffi- ziere hingewiesen wird. Aber auch durch Telefonakquise und Informationsbesu- che wird Kontakt zu den Bildungseinrichtungen aufgebaut.[130]

7.1 Schulbesuche der Jugendoffiziere

Den Schwerpunkt der Arbeit der Jugendoffiziere stellen Vorträge vor Schulklas- sen dar. In einem Anschreiben der Freiburger Jugendoffiziere an die Fachschaf- ten Geschichte, Gemeinschaftskunde, Ethik und Religion der Freiburger Haupt- und Realschulen im Herbst 2009 wird hauptsächlich auf das Angebot der Ju- gendoffiziere hingewiesen, eine Unterrichtseinheit zu verschiedenen sicherheits- politischen Themen zu gestalten.

---

[127] Vgl. BMVg, 2009, Jahresbericht der JgdOffz, S. 4.
[128] Vgl. BMVg, 2010, Jahresbericht der JgdOffz, S. 4.
[129] Vgl. ebenda. S. 21.
[130] Vgl. BMVg, 2009, Handbuch der JgdOffz, S. 5, S. 17.

Den Anschreiben sind Antwortformulare beigefügt, auf welchen gewünschte Themen für 90-minütige Veranstaltungen der Jugendoffiziere angekreuzt und somit bestellt werden können. Auch Klassenbesuche in Kasernen und die Begleitung von Projekten im Rahmen von Projekttagen können gewählt werden. Die vorgeschlagenen Themen für den Unterricht sind:

- Auftrag, Aufgaben und Transformation der Bundeswehr
- Friedenssicherung durch Streitkräfte: Die Bundeswehr im Auslandseinsatz
- Die Bundeswehr im ISAF-Einsatz in Afghanistan (ein Erfahrungsbericht)
- Die UNO und ihre Aufgaben und Möglichkeiten im Rahmen der Konfliktbewältigung
- Die NATO auf dem Weg ins 21. Jahrhundert
- Die EU als globaler Akteur in der Sicherheitspolitik
- Globalisierung und ihre Auswirkung auf die Sicherheitspolitik
- Sicherheitspolitische Herausforderungen: Terrorismus, Migration und Rüstung
- Piraterie und ihre Auswirkungen in einer globalisierten Welt
- Frauen in der Bundeswehr
- Aktuelle Fragen zur Bundeswehr

Es wird betont, dass die Freiburger Jugendoffiziere durch Beteiligung am Afghanistaneinsatz über Auslandserfahrungen verfügen und somit „aus erster Hand über friedenssichernde Maßnahmen und Konfliktbewältigung im Ausland berichten"[131] können. Im Anschreiben an die Freiburger Gymnasien wird zusätzlich zur Teilnahme am Simulationsspiel POL&IS eingeladen und auf das Angebot von Seminaren zur Abiturvorbereitung und Betreuung von Projekten hingewiesen. Außerdem wird im Anschreiben an Haupt- und Realschulen nahegelegt, WehrdienstberaterInnen einzuladen, die über Wehrdienst und Berufschancen bei der Bundeswehr berichten. Laut des Jahresberichts der Jugendoffiziere der Bundeswehr von 2009 waren die Auslandseinsätze, insbesondere der ISAF-Einsatz (International Security Assistance Force) in Afghanistan und der internationale Terrorismus die zentralen Vortragsthemen. Auch die Beteiligung am Einsatz der EU gegen die Piraterie vor der Küste Somalias und die Wehrpflicht wurden als Themen für Unterrichtseinheiten verstärkt angefragt. Weniger auf Interesse stoßen Veranstaltungen zum Einsatz der Bundeswehr im Inneren und auf dem Balkan.[132] Insgesamt fanden 2009 4.465 Vorträge von Jugendoffizieren mit 115.249 teilnehmenden Schülerinnen und Schülern statt. Bei Vorträgen vor Jugendorga-

---

[131] Erken / Johne, 2009.
[132] Vgl. BMVg, 2009, Jahresbericht der JgdOffz.

nisationen waren 1.352 TeilnehmerInnen zu verzeichnen und in 248 Veranstaltungen wurden 11.335 MultiplikatorInnen, wie beispielsweise Lehrkräfte und ReferendarInnen, erreicht.

Im Jahr 2010 war zudem die Umstrukturierung der Bundeswehr in Verbindung mit der Aussetzung der Wehrpflicht inhaltlicher Themenschwerpunkt.[133] Jugendoffiziere halten ihre sicherheitspolitischen Vorträge vorrangig an Realschulen und Gymnasien in der Sekundarstufe II.[134] In Hauptschulen kommen hauptsächlich die WehrdienstberaterInnen zum Einsatz, um über Berufschancen zu informieren und für eine Karriere bei der Bundeswehr zu werben. Das Angebot von Seminaren zur Abiturvorbereitung wurde bisher nicht wahrgenommen.[135] Laut dem Handbuch für Jugendoffiziere haben diese die Vorgabe, in einem Schuljahr jeweils rund 80 Vorträge vor Schulklassen zu halten.[136]

Die Schulbesuche der Jugendoffiziere stehen dabei, wie die folgenden Erfahrungsberichte zeigen, ganz unter dem Zeichen der Sympathiewerbung. Durch Mimik, Gestik, äußere Erscheinung und eine jugendgerechte Sprache sollen Barrieren und das klassische Bild eines Bundeswehrsoldaten abgebaut werden.

„Die Stimme bleibt locker und ungezwungen, gesprächsbereit und offen für alle Probleme. Durch eine geschickte Gesprächsstrategie versuchen sie, inhaltlich-politische Konflikte zu entschärfen und ihnen wo möglich ganz auszuweichen".[137]

„Seine Sprache ist derb und witzig, ironisch und locker. Je nachdem, wie die Klasse drauf ist. Er muss sich schnell anpassen. Er variiert seine Tonalität. Mal kommt er ernster rüber, wenn's das Thema erfordert, mal lockerer."[138]

„Erst auf direkten Widerspruch reagiert der Jugendoffizier aggressiver. (…) Häufig versucht der Jugendoffizier kritische Positionen als jugendlichnaiv darzustellen, ihnen aber scheinbar Verständnis entgegen zu bringen. (…) Der Jugendoffizier verschließt sich also nicht grundsätzlich der Kritik (…), aber im Laufe seiner Argumentation stellt sich heraus, dass die Probleme aufgebauscht werden, dass sie nicht typisch für die Bundeswehr sind oder längst alles getan wird, um sie zu beseitigen."[139]

---

[133] Vgl. BMVg, 2010, Jahresbericht der JgdOffz, S. 4.
[134] Vgl. BMVg, 2009, Jahresbericht der JgdOffz. Anlage 2a.
[135] Vgl. Bundesregierung 2010, S. 5. Stand: September 2011.
[136] Vgl. BMVg, 2009, Handbuch der JgdOffz, S. 17.
[137] Humburg, 2008.
[138] Vogel / Petersen / Brackmann, 2009, S. 6.
[139] Humburg, 2008.

7.2 Das Planspiel POL&IS

Als bei Jugendlichen und Lehrkräften besonders beliebtes und „hochattraktives"
Angebot der Bundeswehr gilt das interaktive Planspiel POL&IS, durch welches
im Schuljahr 2009 in 365 mehrtägigen Simulationen 16.120 Schülerinnen und
Schüler ab der 10. Klasse, Lehrkräfte, Studierende und ReferendarInnen erreicht
wurden. Damit sind die Kapazitäten für POL&IS-Seminare ausgeschöpft und es
gibt aufgrund der großen Nachfrage lange Vorlaufzeiten.[140] Auch im Jahresbericht 2010 heißt es: „Das Angebot konnte die Wünsche insbesondere zu POL&IS
nicht vollständig decken, da die Kapazitätsgrenzen erreicht wurden."[141]

Entwickelt wurde das Planspiel in den 1980er Jahren von Prof. Dr. Wolfgang
Leidhold und einer Arbeitsgruppe an der Universität Erlangen. Es wurde konzipiert, um Politikstudierenden die Zusammenhänge und die Komplexität der
Weltpolitik näher zu bringen. Diese sollten im Spielverlauf, unter Berücksichti-
gung von ökonomischen Begebenheiten, Entscheidungen treffen und so den Verlauf der Weltpolitik bestimmen. 1989 übergab Prof. Dr. Leinhold die Rechte für
POL&IS an die Bundeswehr. Seitdem wird das Spiel von Jugendoffizieren be-
treut und hauptsächlich mit Schulklassen in der Sekundarstufe II, Auszubilden-
den und Studierenden durchgeführt.[142] Das Spiel wird regelmäßig weiterentwi-
ckelt und mittlerweile spielen neben den ökonomischen auch ökologische Faktoren eine Rolle.

„Im Spiel wird in vereinfachter Weise der politische, wirtschaftliche und militärische Aufbau der Welt nachgestellt. Durch den Rollenspielcharakter macht
POL&IS internationale Politik lebendig und soll den Teilnehmern aufzeigen, warum falsches Handeln interne und externe Krisen auslösen kann, Staaten Konflikte
austragen, Ressourcenknappheit einen Staat ruinieren kann, Ökologie mit Ökono-
mie zusammenhängt und Sicherheitspolitik unabdingbar ist."[143]

Eine Spielsimulation dauert in der Regel 2-5 Tage und wird von 37-55 TeilnehmerInnen, unter Begleitung von meist zwei Jugendoffizieren, gespielt. Bei
POL&IS ist die Welt modellhaft in die folgenden 11 bis 12 Regionen aufgeteilt,
welche einen Staat oder mehrere Staaten umfassen: Westeuropa, Osteuropa,
Nordamerika, Südamerika, Ozeanien, Asien, Japan, China, Afrika, Arabien und
die GUS-Staaten sowie bei Bedarf zusätzlich Israel.[144] Die politischen, militärischen, ökonomischen und ökologischen Bedingungen der Regionen sind zu Be-

---

[140] BMVg, 2009, Jahresbericht der JgdOffz, S. 4.
[141] BMVg, 2010, Jahresbericht der JgdOffz, S. 4.
[142] Vgl. BMVg, 2003, S. 8f.
[143] BMVg, 2009, Handbuch der JgdOffz, S. 36.
[144] Vgl. BMVg, 2003, S. 7.

ginn der Simulation vorgegeben, wobei nach Angaben der Bundeswehr versucht wird, diese so realitätsnah wie möglich zu gestalten. Die TeilnehmerInnen übernehmen im Spiel feste Positionen in der zugeteilten Region. Dazu gehören der/die RegierungschefIn, der/die StaatsministerIn (gleichzeitig auch Innen-, Außen- und VerteidigungsministerIn), der/die WirtschaftsministerIn und der/die OppositionsführerIn der Regionen. Unabhängige Funktionen sind der/die UN-GeneralsekretärIn, der/die PräsidentIn der Weltbank, die Weltpresse und Nicht-Regierungs-Organisationen wie Greenpeace und Amnesty International. In den Rollen und ihren Funktionen gestalten die TeilnehmerInnen im Verlauf des Spiels ihre Region und die POL&IS-Welt.

Im Mittelpunkt des Spiels steht eine auf einem Tisch ausgelegte Weltkarte. POL&IS besteht zudem aus bausteinartigen Modulen: dem Politikbaustein, dem Wirtschaftsbaustein und dem Militärbaustein. Der Politikbaustein entspricht dem politischen Programm, welches Ziele und Grundsätze der Regierung einer Region darstellt. Die Spieler und Spielerinnen können im Laufe des Spiels Wahlen durchführen, Verträge schließen, Demonstrationen veranstalten und Putschversuche starten. Der Wirtschaftsbaustein steht für die Versorgung der Bevölkerung mit Industrie- und Agrargütern. Ziel im Spiel ist es, mit diesen Bausteinen die wirtschaftliche Handlungsfähigkeit und wirtschaftliches Wachstum einer Region zu stärken. Wenn die Versorgung der Bevölkerung nicht gewährleistet ist, kann es zu Streiks, Hungersnöten und der Bildung von Guerilla-Armeen kommen. Durch den Militärbaustein werden die unterschiedlichen militärischen Kräfteverhältnisse der Regionen dargestellt und sicherheitspolitische Bedrohungen deutlich gemacht. Dazu haben die SpielerInnen, je nach Entwicklungsstand der Region, konventionelle Land-, Luft- und Seestreitkräfte, aber teilweise auch atomare und chemische Waffen zur Verfügung. Die „Spielsteine" werden von den StaatsministerInnen auf einer Weltkarte stationiert, bewegt und gegebenenfalls eingesetzt. Die Kosten für Militärhaushalt, Auf- und Abrüstung, militärische Konflikte, Guerilla-Armeen und Friedenstruppen sind ebenfalls Inhalte des Militärbausteins. Neben einem weiteren Umweltbaustein können vom Spielleiter auch andere Bausteine eingesetzt werden, um das Spiel zu steuern und beispielsweise einen Ausnahmezustand oder eine schlechte Ernte zu inszenieren.[145]

Ein POL&IS-Spielzug entspricht einem Jahr und ist in bestimmte Phasen unterteilt. Begonnen wird mit einer Beratung innerhalb der Regionen, in denen der Haushalt aufgestellt wird sowie das politische Programm und eine militärische Strategie festgelegt werden (ca. 20 Minuten). Im Anschluss werden die Volkswirtschaften simuliert, Militärbausteine auf der Karte stationiert und gegebenenfalls Konferenzen durchgeführt (ca. 30 Minuten). Nach einer darauf folgenden

---

[145] Vgl. BMVg, 2009, Handbuch der JgdOffz, S. 36ff.

Kurzberatung der Regionen (ca. 10 Minuten) wird an der Börse mit Gütern gehandelt und Export sowie Import betrieben. Außerdem werden in dieser Phase Verträge zwischen den Regionen geschlossen, beispielsweise um Militärbündnisse zu schließen oder die Versorgung mit Ressourcen für das nächste Jahr zu sichern (ca. 30 Minuten). Nach einer weiteren Kurzberatung (ca. 10 Minuten) werden in der Simulation einer Vollversammlung der Vereinten Nationen Regierungserklärungen gehalten, in denen sich die SpielerInnen den Fragen anderer Regionen und der Weltpresse stellen (ca. 45 Minuten). Sollte es in einem POL&IS-Jahr zu Konflikten gekommen sein, werden diese in der letzten Phase, unter Einsatz des Militärs, ausgetragen oder ausgehandelt (Zeit ist variabel).[146]

Die Bundeswehr stellt POL&IS in ihren Werbematerialien als den Schulunterricht ergänzende, fächerübergreifende Lernform dar, mit der vielfältige Kompetenzen trainiert werden. Es sollen Interesse für internationale Beziehungen geweckt, Kenntnisse vermittelt und Zusammenhänge verständlich gemacht werden. Außerdem wird POL&IS damit beworben, durch die eigene Aktivität im Spiel das Selbstvertrauen der SpielerInnen zu steigern und das Sprechen vor einer Gruppe zu trainieren. Die Kosten für das Spiel sowie die Anfahrt werden von der Bundeswehr übernommen. Für die Unterkunft und Verpflegung fällt jedoch meist ein Kostenbeitrag an.[147]

Im Oktober 2010 ergab sich für eine Gruppe von FriedensaktivistInnen die Möglichkeit, an einer POL&IS-Simulation teilzunehmen. Aus einem Bericht, der ihre Erfahrungen beschreibt, ist zu entnehmen, dass das Spiel keinesfalls offen militaristisch ist, sondern politische, ökonomische und ökologische Aspekte im Vordergrund stehen. Die Schaffung von globalem Gleichgewicht wird als Ziel des Spiels vorgegeben. Dieser Aspekt der Simulation sei es, so die Einschätzung der Teilnehmenden, der das POL&IS-Spiel bis in linksliberale Kreise hinein attraktiv und somit gefährlich mache. Denn die Jugendoffiziere haben in ihrer Rolle als Spielleiter die Möglichkeit, „richtige" und „falsche" Maßnahmen der Regionen zu belohnen oder zu sanktionieren, wodurch das Spiel nach Belieben gelenkt werden kann. So wurde die Maßnahme, die Entwicklungshilfe zu steigern und gleichzeitig Marineschiffe zur Bekämpfung der Piraterie vor der Küste Somalias einzusetzen, von den Jugendoffizieren mit wirtschaftlichem Wachstum positiv sanktioniert. Die Maßnahme hingegen, in Afghanistan die Entwicklungshilfe zu erhöhen und das Militär abzuziehen, wurde als zu einfache und unrealistische Lösung dargestellt und mit negativen Folgen sanktioniert.[148] „So lässt sich ein Korridor akzeptablen Handelns vorgeben, in dem letztlich auch das Militär und speziell die Bundeswehr eine wenn auch nicht zentrale so (...) doch unverzicht-

---

[146] Vgl. BMVg, 2009, Handbuch der JgdOffz, S. 36ff.
[147] Vgl. BMVg, 2003, S. 19.
[148] Vgl. Wagner, 2010.

bare Rolle spielt."[149] Kritisiert wird außerdem, dass die suggerierte Realitätsnähe nicht gegeben sei und dass es zwar einen großen Spielraum gebe, um eine bessere und gerechtere Welt zu schaffen, die Gründe, warum dies in der Realität dennoch nicht geschieht, dabei jedoch außen vor gelassen würden. Nationalstaatliche Interessen, Machtpolitik, kapitalistische Konzerninteressen und vor allem innenpolitische Lobbygruppen spielen, so Wagner, bei POL&IS keine Rolle. Die Weltbank wird als Institution dargestellt, welche für eine gerechte Verteilung von Gütern und Ressourcen sorgt, ohne dabei ihre Funktion zur Aufrechterhaltung globaler Ungerechtigkeiten zu thematisieren.[150] Auch die Opposition nimmt eine eher untergeordnete Rolle ein. Die Figur des Oppositionsführers kann beispielsweise, so ein Tipp aus dem Handbuch für Jugendoffiziere, bei geringer TeilnehmerInnenzahl weggelassen werden.[151] Im POL&IS-Regelheft ist außerdem festgelegt, dass die Opposition in Europa ausschließlich „konservativ" oder „liberal" sein kann. „Das heißt ‚Soziale Bewegungen', die es direkt nicht gibt, erscheinen im Spiel lediglich als Streik oder Aufstand wie ein schädliches Ereignis, nicht wie eine Chance auf Umverteilung und demokratische Teilhabe von unten".[152]

Für Schülerinnen und Schüler scheint das Spiel eine willkommene Alternative zum oft eintönigen Schulunterricht zu sein. Auf der Bildungsmesse didacta im Februar 2011 wurde die Simulation mehrere Tage mit einer Schulklasse gespielt und so der Öffentlichkeit, welche hauptsächlich aus Pädagoginnen und Pädagogen bestand, vorgestellt. Die abschließende öffentliche Reflexionsrunde der Teilnehmenden fiel durchweg positiv aus. Besonders betont wurde der Aspekt, dass POL&IS großen Spaß gemacht hat und „jetzt vieles klarer ist". Im Anschluss daran bot sich ein skurriles Schauspiel für die Zuschauer: Alle Teilnehmenden wurden mit einer Urkunde ausgezeichnet und zum Dank wurden die Schülerinnen und Schüler mit Werbematerialien der Bundeswehr eingedeckt. Sie wurden jeweils mit einem Bundeswehrmousepad, einem Bundeswehrlineal, einem Schreibblock „unserer" Luftwaffe und einer Camouflage-Tragetasche belohnt. Der Lehrerin wurde neben der Übergabe des Buches „50 Jahre Bundeswehr" außerdem mit einer feierlichen Geste dankend Anerkennung erwiesen und das „Ehrenabzeichen der Jugendoffiziere" verliehen. Den BesucherInnen der Bildungsmesse wurde mit dieser grotesken Inszenierung gezeigt, dass es etwas sehr ehrwürdiges ist, als Pädagogin und Pädagoge mit der Bundeswehr zusammenzuarbeiten.

---

[149] Wagner, 2010.
[150] Vgl. ebenda.
[151] Vgl. BMVg, 2009, Handbuch der JgdOffz, S. 45.
[152] Wagner, 2010.

In einem Artikel aus der „Zeit" wird beschrieben, wie selbst friedensbewegte Jugendliche bei POL&IS Krieg spielen:

„Der Spielleiter, Jugendoffizier Christian Rump, ist von der Kriegsstimmung der Schüler nicht überrascht. ‚Es gibt immer welche, die vorletzte Woche noch bei der Hand-in-Hand-Lichterkette mitgemacht haben und jetzt Krieg führen wollen', sagt der 28-Jährige, ‚viele denken plötzlich, Stärke und Gewalt sind die besten Mittel.' Rump spricht davon, wie sehr die Medien gegen den Krieg Stimmung machten und die Schüler beeinflussten. Wenn die Schüler im Spiel aber Verantwortung trügen, setzten sie oft selbst das Militär ein."[153]

Ein Austausch über POL&IS in einem Onlineforum auf der Internetseite gamemaster.de im März 2008 repräsentiert sicherlich nicht die Einstellungen von SchülerInnen im Allgemeinen, bietet jedoch einen interessanten Einblick, was das Spiel für Einzelne bedeuten kann. Den Kommentaren ist zu entnehmen, dass die Teilnehmenden zwar viel Spaß am Spiel hatten, was teilweise jedoch damit zusammenhing, dass die Simulation nicht richtig ernst genommen wurde und das Interesse auch darin lag, Krieg zu spielen. So wurden im Forum beispielsweise folgende Ratschläge gegeben:

„Sowas macht doch eigentlich nur Spaß wenn man es übertreibt. Wenn du Russland bist, empfehle ich dir einen Panzervorstoß in den Kaukasus, und dann besetzt du die Ölfelder im Schatt-El-Arab und erklärst dich zum Herrn der Welt, da 95% der globalen Erdölvorkommen. Würde ich jedenfalls machen".[154]

„Hat sehr viel Spaß gemacht da wir den Zweck des Spiels ein wenig verfremdet haben. (…) Die Mädels unserer Klasse haben gemeint sie wären was besseres, das waren die Amerikaner. Dann haben wir die ganze Zeit versucht einen 3ten Weltkrieg vom Zaun zu brechen. (…) Nehmt euch in die Kaserne auf jedenfall viel! zu saufen mit. Party kann man da wunderbar machen, und auch die Bundeswehrleute trinken sicher gern einen mit euch..."[155]

POL&IS „bleibt (…) das attraktivste Angebot der Jugendoffiziere, wenn es darum geht, Schüler und vor allem auch Multiplikatoren langfristig und nachhaltig für Sicherheitspolitik zu interessieren."[156] Es wirkt als „ein Türöffner für Schulen, die aufgrund des Kollegiums den Jugendoffizier sonst nicht nachfragen würden"[157] und ebnet so den Weg für die Jugendoffiziere, die Bundeswehr und militärische Maßnahmen in ein positives Licht zu rücken, ohne dabei offen militaris-

---

[153] Zit. in: Hartung, 2003.
[154] In: gamemaster.de.
[155] Ebenda.
[156] BMVg, 2004, S. 3.
[157] BMVg, 2003, S. 4.

tische Inhalte zu vermitteln. In einer Studie der Informationsstelle Militarisierung (IMI) wird von FriendensaktivistInnen folgendes Fazit bezüglich des Planspiels gezogen:

> „Pol&IS gelingt auf Grundlage von systemimmanenten und herrschaftsorientierten Rahmenbedingungen ein schwieriger Balanceakt: kritisch und bisweilen regelrecht progressiv, um linksliberaler Kritik den Wind aus den Segeln zu nehmen, aber nicht so kritisch – bzw. realistisch –, dass ansonsten grundsätzliche Fragen oder sogar die Systemfrage gestellt werden müsste; nicht allzu offen militaristisch, in Ansätzen sogar „friedensfördernd", gleichzeitig aber Korridore absteckend, die das Militär als unverzichtbare Notwendigkeit legitimieren helfen".[158]

POL&IS ist also kein reines Kriegsspiel, aber ein Spiel mit starken militärischen Aspekten, in welchem Krieg eine notwendige Möglichkeit zur internationalen Konfliktlösung und ein legitimes Mittel der Politik ist, zu welchem es im Spiel keine Alternative zu geben scheint.[159]

7.3 Besuche bei der Truppe

Bei Besuchen in Einrichtungen der Bundeswehr sollen Jugendliche die Möglichkeit bekommen, einen Blick „hinter den Kasernenzaun" zu werfen, wobei die SchülerInnen beispielsweise Waffen, Schießsimulatoren, Bundeswehrfahrzeuge o.Ä. besichtigen und auch ausprobieren können. Im Jahr 2009 fanden insgesamt 540 Besuche bei der Truppe statt, wodurch 15.415 SchülerInnen, 2.253 MultiplikatorInnen und 256 Mitglieder von Jugendorganisationen erreicht wurden.[160] Im Jahr 2010 waren 430 derartige Veranstaltungen mit 15.237 TeilnehmerInnen zu verzeichnen.[161] In den letzen Jahren hat die Anzahl der Truppenbesuche kontinuierlich abgenommen (4.496 Besuche im Jahr 2000[162] und 6.000 Besuche im Jahre 1984/85[163]), was unter anderem auf zunehmende Standortschließungen und steigende Einsatzbelastung der Truppen zurückzuführen ist. Jugendoffiziere sollen, so das Handbuch für Jugendoffiziere, pro Jahr ca. 10 Besuche bei der Truppe mit Schulklassen durchführen.[164] Das eingeführte Konzept „Tag der Schulen" hat sich als sehr „effektiv" und „wirksam" gezeigt. „Hierbei erreichen die Jugendoffiziere in enger Zusammenarbeit mit der Truppe pro Veranstaltung deut-

---

[158] Wagner, 2010.
[159] Vgl. Schulze von Glaßer 2010, S. 132.
[160] Vgl. BMVg, 2009, Jahresbericht der JgdOffz, Anlage 2a.
[161] Vgl. BMVg, 2010, Jahresbericht der JgdOffz, S. 4.
[162] Vgl. ebenda, Anlage 3a.
[163] BMVg, 1985, S. 3.
[164] Vgl. BMVg, 2009, Handbuch für JgdOffz, S. 16.

lich mehr Schüler, obwohl weniger Besuchstage in Anspruch genommen werden. (…) So können zeitgleich die Jugendlichen einer ganzen Region den Alltag bei der Truppe miterleben und mit jungen Soldatinnen und Soldaten sprechen."[165] Laut einer Stellungnahme des Deutschen Bundestages wurden „bei den durch Jugendoffiziere organisierten Besuchen bei der Truppe (…) weder Schießübungen mit Waffen noch an Simulatoren durchgeführt."[166] Berichte von derartigen Vorfällen zeigen allerdings das Gegenteil. Ein Artikel der „Jungen Welt" berichtet beispielsweise davon, wie Kinder beim Tag der Offenen Tür einer Kaserne in Bad Reichenhall mit Waffenattrappen eine Miniaturstadt mit dem Namen „Klein-Mitrovica" ins Visier nehmen konnten.[167] Auch andere ähnliche Vorfälle sind bekannt. Das „Deutsche Bündnis Kindersoldaten" kritisiert, dass bei Kasernenbesuchen mit Schulklassen „die Trennung zwischen politischer Bildung und Berufsberatung gänzlich aufgehoben" wird und der pädagogische Inhalt dieser Veranstaltungen insgesamt fraglich ist.[168]

7.4 Podiumsdiskussionen

Podiumsdiskussionen sind ein, laut der Jugendoffiziere, zuweilen selten angefragtes und wenig genutztes Angebot. Im Jahr 2009 fanden insgesamt 50 Veranstaltungen statt, bei denen 1.682 Schülerinnen und Schüler (davon 1.190 aus der Sekundarstufe II an Gymnasien), 124 Studierende, 180 Mitglieder von Jugendorganisationen und 753 MultiplikatorInnen erreicht wurden.[169] Zum Jahr 2010 hat sich die Zahl der Podiumsdiskussionen auf 100 Veranstaltungen verdoppelt.[170] Im Jahr 2000 lag die Anzahl der Podiumsdiskussionen mit Jugendoffizieren noch bei 170. Die Jugendoffiziere fänden „eine Belebung der Streitkultur gerade in den jüngeren Generationen (…) wünschenswert."[171] Diese werden dazu angehalten, nicht das Podium, sondern das Publikum zu überzeugen.[172] „Sie müssen die Diskussion nicht gewinnen! Wenn nichts von dem Thema in Erinnerung bleibt, so muss auf jeden Fall ein positiver Eindruck des Jugendoffiziers als Vertreter der Bundeswehr entstehen"[173], so die Anweisung im Handbuch der Jugendoffiziere.

---

[165] Bundesregierung, 2010, S. 4.
[166] Vgl. ebenda.
[167] Vgl. Brendle, 2011.
[168] Vgl. Cremer, 2010, S. 15.
[169] Vgl. Bundesregierung, 2010, S. 21.
[170] Vgl. BMVg, 2010, Jahresbericht der JgdOffz, S. 5.
[171] Vgl. BMVg, 2009, Jahresbericht der JgdOffz, S. 5.
[172] Vgl. BMVg, 2009, Handbuch für JgdOffz, S. 21.
[173] Ebenda.

7.5 Seminare und Seminarfahrten

Im Jahr 2009 wurden insgesamt 813 Seminare durchgeführt bei denen 30.671 TeilnehmerInnen, davon 5.394 MultiplikatorInnen, erreicht wurden. Seit 1998 ist mit über 1000 Veranstaltungen eine relativ kontinuierliche Reduzierung derartiger Veranstaltungen zu verzeichnen. Im Jahr 2010 ist die Anzahl an Seminaren jedoch wieder auf 1.064 angestiegen. 2009 wurden 448 Seminarfahrten, unter anderem nach Brüssel, Straßburg, Wien oder Stettin durchgeführt. „An 1.162 Seminartagen konnten sich 14.551 TeilnehmerInnen sicherheits- und verteidigungspolitisch weiterbilden und nachhaltige Eindrücke von den Veränderungen, den Bedrohungen und Wahrnehmungen der Sicherheit in Europa und auf der ganzen Welt mitnehmen".[174] Bei den Seminarfahrten besteht die Zielgruppe der Jugendoffiziere hauptsächlich aus LehrerInnen und anderen MultiplikatorInnen für politische Bildung. Bei derartigen Exkursionen arbeitet die Bundeswehr eng mit den Landeszentralen für politische Bildung zusammen.[175]

7.6 Aus- und Weiterbildung von Lehrkräften

Die Bundeswehr übt nicht nur durch die Jugendoffiziere Einfluss auf Schülerinnen und Schüler aus, sondern auch indirekt über die inhaltliche Mitgestaltung der Ausbildung von Lehrkräften. Diese sollen der Bundeswehr anschließend als MultiplikatorInnen dienen. Durch die Kooperationsvereinbarungen zwischen den Kultusministerien und der Bundeswehr soll die Möglichkeit der „Einbindung der Jugendoffiziere in die Aus- und Fortbildung von Referendarinnen und Referendaren sowie von Lehrkräften" gestärkt werden.[176] Im Jahr 2009 fanden 27 Veranstaltungen mit 1.073 ReferendarInnen, darunter auch POL&IS-Simulationen und Seminarfahrten, statt, während im Jahr 2003 lediglich eine Veranstaltung mit 50 TeilnehmerInnen und 2004 keine derartigen Veranstaltungen stattfanden. Seitdem ist die Zahl der Seminare für ReferendarInnen kontinuierlich angestiegen. Für LehrerInnen fanden im Jahr 2009 117 sicherheitspolitische Weiterbildungsseminare von Jugendoffizieren mit 3266 TeilnehmerInnen statt. Die durchschnittliche Dauer der Seminare betrug 4,5 Tage. [177] Aus einer Anfrage an den baden-württembergischen Landtag geht hervor, dass im Jahre 2010 14 Ausbildungsveranstaltungen der Jugendoffiziere an den staatlichen Seminaren für Di-

---

[174] BMVg, 2009, Jahresbericht der JgdOffz, S. 5
[175] Vgl. Vogel / Petersen / Brackmann 2009, S. 10f.
[176] Kooperationsvereinbarung zw. dem Ministerium für Kultus, Jugend und Sport Baden-Württemberg und Wehrbereichskommando IV Süddeutschland der Bundeswehr vom 04.12.2009.
[177] Vgl. BMVg, 2009, Jahresbericht der JgdOffz, Anlage 2a.

daktik und LehrerInnenbildung (SSDL) stattfanden, bei denen 296 Lehramtsan-wärterInnen teilnahmen. Im Jahr 2009 waren in 17 derartigen Veranstaltungen 622 TeilnehmerInnen zu verzeichnen.[178] Etwa die Hälfte der Angebote war dabei verpflichtend.[179]

Die Durchführung von Seminaren mit ReferendarInnen zeigt sich als sehr nachhaltig für die Arbeit der Jugendoffiziere. Denn diese „arbeiten mit vielen jungen Pädagogen zusammen, die noch vor kurzem in der Referendarsausbil-dung an Seminaren der Jugendoffiziere teilgenommen haben. Diese Kontakte sind nach bisherigen Erfahrungen nachhaltig und bleiben bestehen. Hier zeigt die Arbeit der Jugendoffiziere ausnahmslos positive Auswirkungen."[180] Im Jahresbe-richt der Jugendoffiziere von 2007 heißt es: „Die Referendare sind als zukünftige Lehrerinnen und Lehrer eine Schlüsselzielgruppe, die bereits zu diesem Zeit-punkt die Angebote sowie die Fachexpertise des Jugendoffiziers kennen lernen. Aus diesen frühen Kontakten resultieren dauerhafte Verbindungen und Einla-dungen zu Schulbesuchen sowie Seminaren."[181] Durch die Einwirkung auf die Ausbildungsinhalte von Lehrkräften wird der Einfluss auf die Schulen verschlei-ert, denn die Inhalte der Jugendoffiziere werden durch die neutralen Vertrauens-personen vermittelt. Der Einfluss der Bundeswehr ist so nicht mehr als solcher erkennbar.

Aus den Jahresberichten der Jugendoffiziere ist zu entnehmen, dass es erst seit 2008 vergleichbare Zahlen der Einsätze gibt. Da die Fakten der vorherigen Jahresberichte auf andere Weise ermittelt wurden, kann an dieser Stelle nicht eindeutig mit Zahlen belegt werden, dass es seit Beginn der Zusammenarbeit eine signifikante Ab- oder Zunahme der Zusammenarbeit in der Praxis gab. Fest steht aber, dass bezüglich der Einbeziehung von Jugendoffizieren in die Lehr-amtsausbildung sowohl eine qualitative als auch quantitative Intensivierung be-steht, wohingegen Klassenbesuche in Kasernen eindeutig abgenommen haben.

7.7 Unterrichtsmaterialien der Bundeswehr

Eine weitere Methode der Bundeswehr, Einfluss auf den Schulunterricht zu nehmen, ist das Anbieten von kostenlosen Unterrichtsmaterialien. Aufgrund der knappen Gelder im Bildungssektor greifen immer mehr Schulen und Lehrkräfte auf das Angebot zurück. Durch diese Art des Bildungssponsorings gelingt es dem BMVg, gewünschte Inhalte und „Werbung" für die Bundeswehr in den

---

[178] Drucksache 14/7663, S. 2, 22.03.2011.
[179] Ebenda, Anlage 1.
[180] BMVg, 2009, Jahresbericht der JgdOffz, S. 8.
[181] A.a.O., S. 3.

Schulunterricht zu bringen. Auf der Internetseite frieden-und-sicherheit.de ist ein „Informationsangebot für junge Leute von 15 bis 20 Jahren sowie für den Unterricht in der Sekundarstufe II und den oberen Klassen der Sekundarstufe I" zur Verfügung gestellt. Dieses Angebot beinhaltet das kostenlose Bereitstellen von gut aufgearbeiteten Arbeitsblättern sowie ein ebenfalls kostenfreies umfassendes Heft für den Schulunterricht und ein Begleitheft für Lehrerkräfte, welche die klassischen Schulbücher ergänzen sollen. „Die Unterrichtsmaterialien (…) wenden sich nicht nur an den Sozialkunde- oder Politikunterricht, sondern sind auch für andere Unterrichtsfächer – vor allem Geschichte, Religion, Ethik, Geografie – eine wertvolle Hilfe", so der Werbetext auf der Internetseite.[182]

Herausgegeben wird dieses Angebot von einer scheinbar unabhängigen Arbeitsgemeinschaft „Jugend und Bildung e.V." der „Stiftung Jugend und Bildung", welcher das Bundesministerium für Verteidigung, laut Impressum, mit fachlicher Beratung zur Seite steht. Personell und strukturell ist die Arbeitsgemeinschaft eng mit der FDP verbunden und arbeitet unter anderem mit der Bertelsmannstiftung zusammen. Auch der herausgebende UNIVERSUM Verlag befindet sich zum Großteil im Eigentum der FDP.[183] Eine parteiliche Unabhängigkeit kann somit von vorneherein in Frage gestellt werden. Auf ihrer Homepage wirbt die Arbeitsgemeinschaft „Jugend und Bildung" für ihre Angebote:

"Mit Medien der Arbeitsgemeinschaft können Sie alle Schülerinnen und Schüler in Deutschland erreichen (…). Wir verfügen über die Adressen aller 32.000 deutschen Schulen und von mehr als 100.000 Lehrkräften, die bei uns schon bestellt haben. (…) Lehrer sind kritisch. Aber nur über sie führt der Weg zu den Schülerinnen und Schülern. Die Materialien der Arbeitsgemeinschaft entsprechen den Lehrplänen, genügen den Ansprüchen der Pädagogen und gefallen den Jugendlichen. (…) Werbung ist an Schulen verboten. Materialien der Arbeitsgemeinschaft sind daher grundsätzlich werbefrei. Der Sponsor ist mit seinem Thema und als Mitherausgeber präsent."[184]

Für diese „viel versprechende" Kooperation hat das Bundesministerium für Verteidigung, welches als Sponsor der „Frieden & Sicherheit"-Unterrichtsmaterialien „mit seinem Thema und als Mitherausgeber" präsent ist, im Jahr durchschnittlich 223.000 Euro aufgewandt. Für das Jahr 2008/09 waren für die Neuerstellung eines Lehrer- und Schülerhefts 330.000 Euro geplant.[185] „Die (…) Schüler- und Lehrerhefte des Projekts ‚Sicherheit & Frieden' werden auf Anfrage von Schulen bzw. LehrerInnen versandt. 2007 sind von den Schulen mehr als

---

[182] URL: http://www.frieden-und-sicherheit.de (08.06.2011).
[183] Vgl. Schulze von Glaßer, 2010, IMI-Standpunkt.
[184] URL: http://www.jugend-und-bildung.de.
[185] Vgl. Bundesregierung, 2008, S. 5.

325.000 Schüler- und über 16.000 Lehrerhefte für den Unterricht bestellt worden."[186] In Rücksprachen mit LehrerInnen stellte sich heraus, dass diese Materialien auch ohne Bestellung an die Schulen gesandt werden und dort oftmals keine Verwendung finden. Daher kann davon ausgegangen werden, dass die Anzahl der tatsächlich eingesetzten Materalen deutlich unter der angegebenen Menge liegt.

---

[186] Bundesregierung, 2008, S. 5.

8. Qualitative Inhaltsanalyse des Schülermagazins „Frieden & Sicherheit"

Anhand der Unterrichtsmaterialien, die vom Bundesministerium für Verteidigung als Sponsor mit herausgegeben werden, lassen sich die Selbstdarstellung der Bundeswehr und die Darstellung der Sicherheitspolitik des BMVg sehr gut analysieren. Die Materialien beinhalten, neben Informationen zu verschiedenen Themen, weiterführende Arbeitsaufträge und sind dadurch so aufgearbeitet, dass den Lehrkräften die Unterrichtsplanung nahezu komplett abgenommen wird, was den Einsatz dieser Materialien für die Lehrenden nicht nur aus finanziellen, sondern auch aus zeitlichen Aspekten attraktiv macht. Die Texte sind verständlich und gut geschrieben und durch Pro- und Kontradarstellungen, wie beispielsweise zum Afghanistaneinsatz oder zur Wehrpflicht, wird versucht, die Materialien kontrovers erscheinen zu lassen. Im Folgenden wird der zu vermittelnde Inhalt der „Frieden & Sicherheit"-Materialien am Beispiel des Schülermagazins 2009/2010 für die Sekundarstufe II[187] genauer betrachtet. Durch eine qualitative Inhaltsanalyse sollen insbesondere die Intentionen des Herausgebers und mögliche intendierte Wirkungen bei den Schülerinnen und Schülern untersucht werden. Dabei werden, neben manifesten Darstellungen, insbesondere die latent vermittelten Inhalte analysiert. Das Schülermagazin „Frieden & Sicherheit" enthält Informationen zu den vier Themenbereichen „Krisen und Konflikte", „Strategien für den Frieden", „Bündnisse für mehr Sicherheit" und „Bundeswehr heute". Anhand der Betrachtung der einzelnen Kapitel und einer Rekonstruktion der Argumentationslinien sollen Inhalte, der strategische Aufbau sowie die damit verbundenen Intentionen und angewandte Strategien untersucht werden. Im Anschluss daran werden die Materialien einer kritischen Bewertung unterzogen.

8.1 Analysen der Kapitel

8.1.1 Krisen und Konflikte

Im ersten Kapitel „Krisen und Konflikte" werden zum Einstieg in die Thematik aktuelle Bedrohungen der inneren und äußeren Sicherheit dargestellt. Dabei wird das Kapitel in die vier Unterkategorien „Internationaler Terrorismus", „Massen-

---

[187] Die Unterrichtsmaterialien können zum Nachverfolgen der Analyse unter www.frieden-und-sicherheit.de bestellt oder herunter geladen werden.

vernichtungswaffen", „Staatszerfall" und „Klimawandel" eingeteilt. Durch die Darstellung von vermeintlichen oder wahrhaftigen Bedrohungen und die Definition von globalen Herausforderungen als Sicherheitsprobleme wird die Basis gelegt, um im weiteren Verlauf auf mögliche, unter anderem militärische, Interventionsstrategien einzugehen und deren „Notwendigkeit" von Beginn an zu verdeutlichen.

8.1.1.1 Internationaler Terrorismus

Den Schülerinnen und Schülern wird sehr eindrücklich vermittelt, dass der internationale Terrorismus eine direkte Bedrohung für die eigene Sicherheit darstellt, denn „auch in Deutschland bedroht der internationale Terrorismus Frieden und Sicherheit." Demokratien sind offene Gesellschaften und „bieten deshalb ein ideales Ziel für Terroranschläge". „Terrorismus begegnet uns heute häufig als religiös motivierter, derzeit meist islamistischer Terror."[188] Als Ursache von Terrorismus wird ausgeführt, dass sich viele junge, in materiell und sozial schwierigen Verhältnissen lebende Menschen in der arabischen Welt durch die politische und wirtschaftliche Macht des Westens gedemütigt fühlen und gleichzeitig die westliche Kultur als moralisch verwerflich empfinden.[189] In einer mit „Chronik des Terrors" überschriebenen Tabelle werden, unter grafischer Darstellung der brennenden Türme des World Trade Centers in New York, alle seit dem 11. September 2001 stattgefundenen und verhinderten Terroranschläge aufgeführt, wobei dabei die Zahlen der Opfer besonders hervorgehoben werden. Es wird in einer sehr bildlichen Sprache beschrieben, dass die USA von islamistischen Terroristen als „Hort des Satans" und die westlichen Staaten als deren „Lakaien" gesehen werden und islamische Staaten das „Bollwerk Allahs" darstellen. Es wird auch betont, dass bei Terroranschlägen „zumeist völlig Unbeteiligte (…) in den Tod gerissen werden"[190]. Nicht zuletzt durch diese Wahl von Wörtern wird die Thematik auf eine sehr emotionale Ebene gehoben. Zum einen wird dadurch beim Lesenden direkte Betroffenheit suggeriert und zum anderen werden persönliche Unsicherheitsgefühle ausgelöst.

Zur Recherche zusätzlicher Informationen werden die Internetseiten des Auswärtigen Amtes, der Landeszentrale für politische Bildung, die des Netzwerkes für Terrorismusforschung sowie die der Deutschen Gesellschaft für Auswärtige Politik angegeben. Als weiterführende Arbeitsaufgaben wird unter anderem vorgeschlagen, im Plenum den Bedeutungsunterschied zwischen einem „Terroristen" und einem „Freiheitskämpfer" zu diskutieren und in Gruppenarbeit über

---

[188] AG JuB, 2009, S. 3f.
[189] Vgl. ebenda, S. 4.
[190] AG JuB, 2009, S. 4.

einzelne Terroranschläge genauere Informationen zu suchen. Ein weiterer Vorschlag ist, in Partnerarbeit zu überlegen, welche Faktoren zur Ausbreitung des Terrorismus beitragen, um dann im Anschluss staatliche Gegenstrategien zu entwickeln.

8.1.1.2 Massenvernichtungswaffen

Neben terroristischen Anschlägen werden auf der nächsten Doppelseite auch Massenvernichtungswaffen in Form von atomaren, biologischen und chemischen Waffen als Bedrohung für die internationale Sicherheit dargestellt. Denn insbesondere die leicht herzustellenden biologischen und chemischen Waffen können in der „Hand von Extremisten gefährliche Waffen werden."[191]

8.1.1.3 Staatszerfall

Auch der Zerfall von Staaten durch Bürgerkriege oder bürgerkriegsähnliche Konflikte wird als eine Gefahr für die globale Sicherheit dargestellt, da so Gebiete entstehen, „die sich außerhalb der internationalen Ordnung stellen und in die sich bewaffnete Gruppen und terroristische Organisationen zurückziehen können."[192] Hierzu wird angemerkt, dass es dabei oft unerlässlich ist, den zivilen Aufbau militärisch abzusichern.[193] Als Beispiele hierfür werden die Einsätze in Afghanistan und im Kongo angeführt und die Erfolge der internationalen Eingreiftruppen abgebildet. Die erwähnten „militärischen Mittel" werden nicht genauer beschrieben oder hinterfragt, sondern von vornherein als notwendig dargestellt. Als weitere Arbeitsaufgabe soll im Plenum die Frage diskutiert werden, unter welchen Bedingungen die Einführung von Demokratie einem Land Frieden bringen kann. In Einzelarbeit sollen sich die Schülerinnen und Schüler genauer über das „Engagement" der UN und der EU in Afghanistan informieren.

8.1.1.4 Klimawandel

Hierbei wird besonders auf die Folgen des Klimawandels eingegangen, welche zum einen als Konflikte um die überlebenswichtigen Ressourcen Land und Wasser sowie Öl und andere Rohstoffe benannt werden und zum anderen als daraus resultierende „Flüchtlingsströme, die zur Destabilisierung ganzer Regionen beitragen und die internationale Sicherheit nachhaltig gefährden können."[194] Vertei-

---

[191] AG JuB, 2009, S. 6.
[192] Ebenda, S. 8.
[193] Vgl. ebenda.
[194] AG JuB, 2009, S. 10.

digungskonflikte um lebenswichtige Ressourcen führen, so die Darstellung in den Materialien, zunächst zu Flüchtlingsbewegungen innerhalb eines Landes als Binnenmigration, dann aber auch zwischen Ländern. „Das wiederum kann zu Konflikten mit der Bevölkerung der Regionen und Ländern führen, in die die Flüchtlinge kommen."[195] Im Folgenden wird die Thematik angeschnitten, wie „Europa versucht sich vor unkontrollierter Einwanderung zu schützen." Dazu werden, laut des Schülermagazins, MigrantInnen an den Grenzen zu Osteuropa, am Mittelmeer oder vor den Kanarischen Inseln aufgespürt sowie große Grenzanlagen an entscheidenden Punkten errichtet.[196] Bei dieser Darstellung von (Klima-)Migration wird ausschließlich die Perspektive Europas eingenommen, welches sich gegen eine vermeintliche „Bedrohung" schützen müsse. Das sensible und in der Gesellschaft kontrovers gehandelte Thema „Migration" wird in den Materialien ausschließlich als bedrohliches Sicherheitsproblem dargestellt. Als Arbeitsauftrag soll unter anderem beschrieben werden, was das Wort „Klima-Migration" bedeutet, wie betroffene Staaten darauf reagieren und welches Vorgehen sinnvoll wäre, um dieses „Problem" in den Griff zu bekommen.

8.1.2 Strategien für den Frieden

Unter der Kapitelüberschrift „Strategien für den Frieden" werden diese in den drei Themenblöcken „Internationale Sicherheitspolitik", „Deutsche Sicherheitspolitik" und „Entwicklungspolitik" behandelt.

8.1.2.1 Internationale Sicherheitspolitik

Im Unterkapitel „Internationale Sicherheitspolitik" wird die Frage, wann „Krieg erlaubt ist", aufgeworfen und abgehandelt. Als Beleg dafür, dass es unvermeidbar sein kann militärische Interventionen in fremden Staaten durchzuführen, wird das Beispiel des Völkermords von 1994 in Ruanda aufgeführt, bei dem die Bevölkerungsgruppe der Hutu 800.000 Tutsi umbrachten und die Völkergemeinschaft tatenlos dabei zusah. Mit der Aussage, „[d]ie Menschen sind es wert, dass solche Gräuel mit Waffengewalt verhindert oder gestoppt werden", werden ein weiteres Mal militärische Lösungen als notwendige Strategien aufgeführt, ohne dabei mögliche Alternativen der Konfliktlösung anzusprechen und aufzuzeigen. Im Folgenden wird unter der Überschrift „Konflikte auf dem Prüfstand" der militärische Einsatz der Bundeswehr in Afghanistan behandelt, dessen Darstellung zunächst durchweg positiv ausfällt. Neben den Umständen, wie es zum Eingrei-

---

[195] Ebenda, S. 11.
[196] Ebenda.

fen der USA und Großbritanniens kam, wird ausschließlich erwähnt, dass dieses das Taliban-Regime beendete und die International Security Assistance Force (ISAF), unter deutscher Beteiligung, nach 20 Jahren erstmals freie Wahlen ermöglichte. In einer weiteren Darstellung wird der Afghanistaneinsatz einer Bewertung hinsichtlich eines Für und Wider unterzogen. Dabei werden zwei Zitate, vom ehemaligen Verteidigungsminister Franz Josef Jung (CDU) und von Sprechern des „Bündnis 90/Die Grünen", gegenüber gestellt. Jung betont die Notwendigkeit des Einsatzes, um durch ein stabiles Afghanistan auch zur Sicherheit in Deutschland beizutragen. Er bezeichnet den Krieg als „Einsatz für den Frieden in der Welt", der auch für „elementare Deutsche Interessen und unseren eigenen Schutz" geführt wird. Im Zitat der Opposition wird der Einsatz kritisiert und angemerkt, dass dieser diejenigen, die bekämpft werden sollen, stärkt und die „zunehmende Gewalt des Krieges Hauptursache dafür ist, dass der Hass gegen die ausländischen Truppen wächst. (…) Gerade asymmetrische Kriege können militärisch nicht gewonnen werden", so die Sprecher der Grünen.[197] Durch die Gegenüberstellung von Für- und Gegenargumenten wird deutlich, dass die Herausgeber der Materialien bemüht sind, den Stoff kontrovers erscheinen zu lassen. Um dies zu unterstreichen, wird als Arbeitsauftrag dazu angeregt, einen Artikel für die Schülerzeitschrift, entweder für oder gegen den Afghanistaneinsatz, zu verfassen. Das Zu-Wort-Kommen dieser kritischen Gegendarstellung erscheint in Anbetracht der Weise, wie der Afghanistaneinsatz an anderen Stellen in den Materialien beschrieben wird, jedoch als reine Augenwischerei.

8.1.2.2 Deutsche Sicherheitspolitik

Unter der Überschrift „Deutsche Sicherheitspolitik" wird dargelegt, dass nicht zuletzt durch den internationalen Terrorismus die Trennung zwischen innerer und äußerer Sicherheit nicht mehr zu ziehen sei und vernetzte Sicherheit zum Kern der Ausrichtung der deutschen Sicherheitspolitik gemacht wurde. Die deutsche Sicherheitspolitik ist präventiv angelegt und umfasst auch „politische und diplomatische Initiativen sowie wirtschaftliche, humanitäre und soziale Einsätze. (…) Gleichzeitig müssen aber auch die politische Bereitschaft und die Fähigkeit da sein, Freiheit und Menschenrechte notfalls auch mit militärischen Mitteln zu verteidigen. Dazu braucht Deutschland Soldaten. (…) Militärische Gewalt darf jedoch immer nur Ultima Ratio sein".[198] Von den genannten Strategien der deutschen Sicherheitspolitik wird im Folgenden auf die der Bundeswehr näher eingegangen, was deutlich die Schwerpunktsetzung des sicherheitspolitischen Standpunktes der „Frieden & Sicherheit"-Materialien zeigt. Der Auftrag und die

---

[197] AG JuB, 2009, S. 13.
[198] AG JuB, 2009, S. 14.

Aufgaben der Bundeswehr aus dem Weißbuch von 2006 werden ebenfalls aufgezählt. Erwähnt werden dabei insbesondere humanitäre Einsätze der Bundeswehr im Ausland, bei Naturkatastrophen oder in Flüchtlingslagern, was die Bundeswehr als internationale Hilfsorganisation erscheinen lässt. Des Weiteren wird die Thematik „Innere Sicherheit" behandelt. „Auch Deutschland steht im Fadenkreuz des Terrorismus", so der einleitende Satz, nach welchem angemerkt wird, dass innere Sicherheit eine Aufgabe der Polizei und der Bundespolizei ist und die Bundeswehr nur ausnahmsweise, im Fall von Katastrophen und schweren Unglücksfällen, im Inneren eingesetzt werden darf. Des Weiteren wird die Problematik „Freiheit versus Sicherheit"[199] behandelt. Es wird kurz auf „Sicherheitsstrategien", wie die Einführung des biometrischen Passes, Videoüberwachung oder Vorratsdatenspeicherung eingegangen, welche wegen der „erhöhten Terrorgefahr" getroffen wurden. Dass durch diese Überwachungs- und Kontrollmaßnahmen grundlegende Freiheiten eingeschränkt werden, wird nicht näher erläutert und wieder einmal wird Terrorismus als Rechtfertigung derartiger Schritte angeführt. An dieser Stelle wird der Unmut laut, dass die Bundeswehr nur in Ausnahmefällen im Inneren eingesetzt werden darf, obwohl die Verwischung der Grenzen zwischen innerer und äußerer Sicherheit anderes erfordere und so derartige Einsätze indirekt legitimiert. Als Arbeitsauftrag sollen Gründe für oder gegen die verstärkte Speicherung privater Daten gesucht werden. Für die Position gegen die Datenspeicherung gehen aus dem vorangegangenen Text jedoch keine Argumente hervor. Zur Recherche sind die Internetseiten des Bundesministeriums der Verteidigung, der Bundeswehr und des Bundeskanzleramts vorgeschlagen, welche eine Weiterführung der einseitigen Informationendarbietung vermuten lassen.

8.1.2.3 Entwicklungspolitik

In dieser Rubrik wird auf globale, soziale und wirtschaftliche Ungleichheiten eingegangen und darauf, dass diese oft Ursachen gewaltsamer Konflikte sind. Das Aktionsprogramm des Bundesministeriums für wirtschaftliche Entwicklung und Zusammenarbeit für 2015 wird vorgestellt. Dabei wird betont, dass die Entwicklungszusammenarbeit mehr ist „als eine Frage der Gerechtigkeit und der Solidarität: Es geht auch um die Zukunft der Industrieländer – denn kein Teil der Welt kann sich sicher fühlen, wenn nicht in allen Teilen der Welt Menschen sicher leben können."[200] Es geht also nicht um globale Gerechtigkeit als Wert an sich, sondern darum, dass nur durch diese die eigene Sicherheit gewährleistet werden könne, was der aktuellen Ausrichtung der Entwicklungspolitik entspricht.

---

[199] Ebenda. S. 15.
[200] AG JuB, 2009, S. 17.

8.1.3 Bündnisse für mehr Sicherheit

8.1.3.1 Deutschland und seine Partner

In diesem Kapitel werden Bündnisse der internationalen Zusammenarbeit sowie der „Verteidigung" vorgestellt. Es wird deutlich gemacht, dass die EU nicht nur ein Wirtschaftsbündnis ist, sondern durch die gemeinsame Außen- und Sicherheitspolitik in die Lage versetzt wird, „als Reaktion auf internationale Krisen und in den Fällen, in denen die NATO als Ganzes nicht beteiligt ist, über militärische Aktionen selbstständig zu entscheiden und aktiv zu werden." Damit „eröffnen sich neue Möglichkeiten des militärischen und zivilen Krisenmanagements und neue Perspektiven, um an der Friedenssicherung in Europa und der Welt mitzuwirken."[201] Beim Thema NATO werden die neuen sicherheitspolitischen Herausforderungen betont, welche sich laut der Materialien nicht nur darauf beschränken können, die Grenzen des Bündnisses zu verteidigen. Es wird hervorgehoben, dass die NATO nicht nur ein militärisches Bündnis, sondern auch eine Wertegemeinschaft darstelle. Im Anschluss daran werden die Konzepte der EU Battlegroups und die Eingreiftruppen der NATO vorgestellt, welche aus kleineren Streitkräftetruppen bestehen, die binnen kurzer Zeit in jedes Krisengebiet der Welt verlegt werden können. Die sicherheitspolitische Ausrichtung der westlichen Staaten wird in diesem Kapitel an keiner Stelle kritisch hinterfragt und den Schülerinnen und Schülern werden keine Gegenpositionen zur Verfügung gestellt, sondern die Strategie, mit kleineren effizienten Eingreiftruppen weltweit militärisch zu agieren, wird als notwendig vorausgesetzt. Zur weiteren Recherche wird hierzu auf die Homepages des Auswärtigen Amtes, der Eurocorps, der EU sowie der OSZE verwiesen. Auch auf diesen Webseiten finden sich keine alternativen Positionen zu der aufgeführten Problematik und auch in den weiteren Arbeitsaufträgen wird nicht darauf abgezielt, dass diese zur Sprache kommen.

8.1.3.2 Hoffnungsträger Vereinte Nationen

In diesem Kapitel werden die Vereinten Nationen (VN), welche nach der Erhaltung und Schaffung der internationalen Sicherheit und des Weltfriedens streben, vorgestellt. Dabei wird auf die allgemeine Erklärung der Menschenrechte, die Struktur der VN sowie auf den internationalen Strafgerichtshof eingegangen. An dieser Stelle wird betont, dass auch die Organisation der VN vor neuen sicherheitspolitischen Herausforderungen steht und Maßnahmen ergriffen werden, da-

---

[201] Ebenda, S. 18.

mit sie in Zukunft „schlagkräftiger und schneller auf Störungen des Weltfriedens reagieren kann".[202] Hierbei kann vermutet werden, dass militärische Konfliktlösungsstrategien in Zukunft auch von Seiten der VN verstärkt in Betracht gezogen und an dieser Stelle mit indirektem Hinweis auf die vorangegangene Darstellung von Bedrohungen legitimiert werden. Eine kritische Auseinandersetzung mit den Vereinten Nationen, beispielsweise mit der umstrittenen ungleichen Machtverteilung im Sicherheitsrat, bleibt an dieser Stelle aus.

8.1.3.3 Zivil-Militärische Zusammenarbeit

Die Rubrik beschäftigt sich mit der zivil-militärischen Zusammenarbeit (CIMIC) am Beispiel Afghanistans. Auf dieser Doppelseite werden ausschließlich die Fortschritte und Erfolge des Einsatzes in Afghanistan dargestellt. Es wird das Beispiel eines afghanischen Jungen aufgeführt, der Dank des Engagements der internationalen Truppen nun die Möglichkeit bekommen habe, eine richtige Schule zu besuchen. Das angeführte Zitat eines Feldwebels: „Der Einsatz macht erst Sinn, wenn man die Kinder auf den Straßen sieht. Wenn sie durch uns wieder zur Schule gehen können oder Kleidung haben, dann sehe ich Sinn für den Einsatz", vermittelt, dass die Bundeswehr für diese Fortschritte verantwortlich ist. Die Soldaten und Soldatinnen leisten vor allem im Norden Wiederaufbauhilfe und sichern die Arbeit der afghanischen Regierung sowie internationaler Organisationen.

„Durch intensive Kontakte (…) versuchen wir ein Gespür für die Leute vor Ort zu bekommen, um dann Kontakt mit Hilfsorganisationen oder Spendern zu knüpfen"[203], so ein weiteres Zitat. Die Bundeswehr wird bezüglich des Afghanistaneinsatzes als zivile Hilfsorganisation dargestellt. Dieser Blick auf die Bundeswehr und das Militär wird durch die Fotos auf dieser Seite unterstrichen, auf denen lachende uniformierte Soldaten im Gespräch mit der afghanischen Bevölkerung gezeigt werden. Dass in Afghanistan Krieg herrscht, wird verschwiegen. Die militärischen Einsätze, bei welchen Soldaten und Soldatinnen oder Zivilisten verletzt werden, ums Leben kommen oder Traumata davontragen, werden an dieser Stelle besonders deutlich durch Bild und Text banalisiert. Die unkritische und einseitige Darbietung des Afghanistaneinsatzes und des Konzepts zivil-militärischer Zusammenarbeit, welches in Fachkreisen sehr kontrovers diskutiert wird, kommt in diesem Kapitel besonders deutlich zum Ausdruck. Es wird verschwiegen, dass die zivil-militärische Zusammenarbeit gerade für zivile Hilfsorganisationen ein großes Problem darstellt, da von der Bevölkerung militärische und zivile Akteure nicht auseinandergehalten werden können, was wiederum zu

---

[202] AG JuB, 2009, S. 21.
[203] Ebenda, S. 23.

Vertrauensverlust führt. Zudem wird von Organisationen kritisiert, dass die Bundeswehr Aufgaben im Bereich des Wiederaufbaus und der Nahrungsmittelhilfe wahrnimmt, um die „Herzen und Köpfe" der Menschen in Afghanistan zu gewinnen. Die Unabhängigkeit von Hilfsorganisationen wird dadurch erheblich erschwert, verhindert und gefährdet.[204] Für weitere Informationen wird ausschließlich auf die Homepage der Bundeswehr verwiesen, welche keine kontroversen Positionen zur behandelten Problematik liefert.

8.1.4 Bundeswehr heute

8.1.4.1 Weltbürger in Uniform

Anhand dieses Kapitels kann die Selbstdarstellung der Bundeswehr gut analysiert werden. Es wird zunächst auf das zentrale Leitbild der Bundeswehr, den Soldat und die Soldatin als „Staatsbürger in Uniform" hingewiesen, welches sich auf dem Prinzip der „Inneren Führung" gründet. Die Kernfrage dabei lautet, wie sich die Grundrechte von Soldaten und Soldatinnen mit den militärischen Erfordernissen verbinden lassen. Es wird betont, dass es nicht um blinden Gehorsam geht, sondern dass Mitdenken und Mitentscheiden gefordert ist. „Innere Führung" bedeutet Pflichterfüllung und die Übernahme von Verantwortung aus Einsicht. Denn „wer für Menschenwürde, Recht und Freiheit eintritt und diese Werte notfalls auch verteidigen muss, braucht Halt und Orientierung, die er in der Werteorientierung unseres Grundgesetzes findet. Jeder Soldat muss die Werte, die er verteidigen soll, auch selbst leben und erleben."[205] Gleichzeitig werden Soldaten und Soldatinnen auch als „Weltbürger in Uniform" dargestellt, welche „die Sicherheit Deutschlands auch am Hindukusch verteidigen" und deren Aufgabenschwerpunkt, auf nicht absehbare Zeit, jenseits der deutschen Grenzen liegt. Darum müssen Soldaten und Soldatinnen dem „Leitbild des interkulturell kompetenten Soldaten" entsprechen, wozu auch Fremdsprachenkenntnis und Wissen über den Umgang mit „fremden Kulturen" gehören.[206] Auch an dieser Stelle werden die Belastungen, welchen die Soldaten und Soldatinnen im Auslandseinsatz ausgesetzt sind, nicht erwähnt. Sie werden nicht als KämpferInnen in Kriegseinsätzen dargestellt, sondern als weltweit agierende „SozialarbeiterInnen", welche die Aufgabe haben, die westlichen Werte auf der ganzen Welt zu verteidigen. Auch die Fotos auf dieser Doppelseite unterstreichen dieses Bild. Es ist ein Soldat im freundlichen Zwiegespräch mit einem afghanischen Mann ab-

---

[204] Vgl. Venro.
[205] AG JuB, 2009, S. 24.
[206] Vgl. AG JuB, 2009, S. 25.

gebildet und auf einem weiteren Foto ist ein uniformierter ISAF-Soldat mit Sonnenbrille zu sehen, in dessen Hintergrund zwei verschleierte Frauen spazieren gehen. Es wird der Anschein erweckt, dass dies die Einschränkung der Frauenrechte in Afghanistan suggerieren soll, um so indirekt den Einsatz für westliche Werte, wie Gleichberechtigung der Geschlechter, zu legitimieren.

8.1.4.2 Auslandseinsätze

Im diesem Kapitel werden die Auslandseinsätze der Bundeswehr, unter dem Titel „internationale Friedensmissionen", aufgeführt. Dabei werden zunächst wieder die notwendigen interkulturellen Kompetenzen der Bundeswehrsoldaten und -soldatinnen in den Vordergrund gestellt. Es wird auf die verschiedenen Einsatzkategorien der Vereinten Nationen eingegangen und die Bundeswehr wird als Parlamentsarmee vorgestellt, wobei die rechtlichen Schritte zur Genehmigung von Auslandseinsätzen erläutert werden. Dabei wird betont, dass diese vom Bundesverfassungsgericht mit Berufung auf das Grundgesetz gerechtfertigt sind. Unter der Überschrift „Kampf gegen den Terrorismus" wird der rechtliche Weg zum Afghanistaneinsatz beschrieben, welcher durch den, nach dem 11. September 2001, von der NATO ausgerufenen Bündnisfall geebnet wurde und die Mitgliedstaaten verpflichtete, dem Bündnispartner USA Beistand zu leisten. Denn „Ziel der langfristig angelegten Operation (Enduring Freedom) ist es, Führungs- und Ausbildungseinrichtungen von Terroristen auszuschalten, Terroristen zu bekämpfen und Anhänger davon abzuhalten, terroristisch aktiv zu werden. Seit dem 13. November 2001 sind auch deutsche Streitkräfte an der internationalen ‚Anti-Terror-Koalition' beteiligt."[207] Ein weiteres Mal wird die Bedrohung durch den internationalen Terrorismus für die Beteiligung an Kriegseinsätzen herangezogen. In diesem Kapitel wird die von Politik und Bundeswehr aufgegriffene „Friedensrhetorik", welche sich wie ein roter Faden durch das ganze Schülerheft hindurch zieht, besonders deutlich. Das Wort Krieg wird wenn möglich verschwiegen und hinter Friedensbegriffen versteckt. „Um Frieden zu erhalten, muss in vielen Fällen zunächst Frieden geschaffen oder ‚erzwungen' werden, wie das Beispiel Afghanistan zeigt".[208] Dass es sich bei diesem Einsatz um Krieg handelt, wird auch an dieser Stelle verschwiegen.

8.1.4.3 Grundwehrdienst

In diesem Kapitel werden Vor- und Nachteile der Wehrpflicht und des freiwilligen Wehrdienstes erörtert. Im Zuge dieser Unterrichtseinheit wird die Bundes-

---

[207] Ebenda, S. 27.
[208] AG JuB, 2009, S. 27.

wehr im Schülermagazin sowohl direkt als auch indirekt als Arbeitgeber beworben. Denn die Bundeswehr ist, laut des Magazins, „für Berufs- und Zeitsoldaten auch einer der größten und attraktivsten Arbeitgeber des Landes mit einem breiten Angebot an Berufs- und Karrierechancen, das sich an Frauen und Männer gleichermaßen richtet." In diesem Zuge wird auch auf die Internetseiten bundeswehr-karriere.de und treff-bundeswehr.de verwiesen, welche ausdrücklich dazu konzipiert wurden, um einseitige Werbung für die Bundeswehr im Allgemeinen und als Arbeitgeber zu kommunizieren.[209] Als Anregung wird vorgeschlagen, eine Person in die Klasse einzuladen, welche selbst den Grundwehrdienst absolviert hat.

8.1.4.4 Zivildienst

Das letzte Kapitel setzt sich mit dem Zivildienst auseinander. Dabei wird betont, dass der Wehrdienst eine allgemeine Pflicht ist und der Zivildienst eine verfassungsrechtliche Ausnahme darstellt. Es wird angemerkt, dass junge Menschen sowohl im Grundwehrdienst als auch im Zivildienst einen wichtigen Beitrag für den Staat und die Gesellschaft leisten. Die Kapitel zum Grundwehr- und Zivildienst sollen den Schülern bei der Entscheidung helfen, wobei durch die Betonung der Ausnahme des Zivildienstes und die Darstellung der Bundeswehr als attraktiven Arbeitgeber die Option des Grundwehrdienstes nahegelegt wird.

8.2 Kritik an den „Frieden & Sicherheit"-Materialien

Die attraktiv aufgearbeiteten Unterrichtsmaterialien scheinen auf den ersten Blick eine kontroverse Darstellung zu ermöglichen und den Richtlinien für politische Bildung zu entsprechen. Bei genauerer Betrachtung fallen allerdings nicht zu unterschätzende Schwachstellen der Materialien auf.

8.2.1 Missachtung des Beutelsbacher Konsens

Den Einstieg in die Friedens- und Sicherheitsthematik bietet die Darstellung vermeintlicher Bedrohungen der internationalen und nationalen Sicherheit wie Terrorismus, Massenvernichtungswaffen, Staatszerfall, Klimawandel und „Flüchtlingsströme". Diese „Bedrohungen", insbesondere die des internationalen Terrorismus, werden durch Sprache und Bilder sehr emotional aufgearbeitet und

---

[209] Siehe Kapitel 4.5.

sollen bei den LeserInnen direkte Betroffenheits- und Unsicherheitsgefühle auslösen. Ziel dieser Darstellungen scheint es zu sein, eine Bereitschaft zur Verteidigung der eigenen Sicherheit bei den Schülerinnen und Schülern hervorzurufen,
um den Grundstein der Legitimation für die in den weiteren Unterrichtseinheiten
dargestellten Einsätze der Bundeswehr zu legen. Terrorismus fungiert als Feind-
bild, gegen welches die, an vielen Stellen immer wieder betonten, westlichen
Werte wie Menschenwürde, Recht und Freiheit verteidigt werden müssen. Sicherheitsprobleme werden konstruiert, um Problemen eine besondere Wichtigkeit zuzuweisen und mit dieser Wichtigkeit den Einsatz außerordentlicher Mittel
– besonders militärischer Gewalt – zu begründen und zu legitimieren.[210]

Nach dem *Überwältigungsverbot* des Beutelsbacher Konsens ist es „nicht erlaubt, den Schüler – mit welchen Mitteln auch immer – im Sinne erwünschter
Meinungen zu überrumpeln und damit an der ‚Gewinnung eines selbstständigen
Urteils' zu hindern".[211] Aufgrund der emotionalen Herangehensweise an diese
sensible Thematik und die Darstellung von Bedrohungsszenarien ist das Einhalten dieses Grundsatzes der politischen Bildung durch diese Materialien durchaus
in Frage zu stellen.

Das *Kontroversitätsgebot* des Beutelsbacher Konsens besagt: „Was in Wissenschaft und Politik kontrovers ist, muss auch im Unterricht kontrovers erscheinen".[212] Dabei dürfen keine Standpunkte, Alternativen und Optionen unterschlagen werden. Dass dieses Gebot eingehalten wird und eine einseitige Beeinflussung der SchülerInnen nicht zu befürchten ist, kann an einigen Punkten widerlegt
werden. In den Materialien ist eine Pro- und Kontradarstellung bezüglich des
Afghanistaneinsatzes zu finden. Durch diese spärliche Darbietung an unterschiedlichen Sichtweisen wird Kontroversität suggeriert, was eine Kritik an den
Materialien erschwert. Bei genauerer Betrachtung fällt jedoch auf, dass dies eine
sehr oberflächliche Auseinandersetzung mit den Nachteilen des Einsatzes ist
und, bezogen auf das ganze Heft, eine positive Darstellung des Afghanistaneinsatzes überwiegt. In den Materialien werden militärische Einsätze der Bundeswehr als Mittel der Konfliktlösung immer wieder als notwendig und unumgäng-
lich dargestellt. Dass die beschriebenen militärischen Maßnahmen aber weder in
der Wissenschaft noch in der Politik auf Konsens beruhen, wird nicht erwähnt
und eine Gegendarstellung von alternativen Konfliktlösestrategien sucht man in
diesen Materialien vergeblich. Besonders deutlich wird die Einseitigkeit bei der
Darstellung der zivil-militärischen Zusammenarbeit, welche wie erwähnt vor
allem bei zivilen Hilfsorganisationen sehr umstritten ist und in der Öffentlichkeit
kontrovers diskutiert wird. Mit keinem Wort wird darauf eingegangen, dass bei

---

[210] Vgl. Berndt, 2006, S. 70.
[211] Landeszentrale für politische Bildung Baden-Württemberg.
[212] Ebenda.

Einsätzen der Bundeswehr, beispielsweise in Afghanistan, sowohl SoldatInnen als auch zahlreiche ZivilistInnen ums Leben kommen oder SoldatInnen psychisch und physisch beeinträchtigt aus Auslandseinsätzen zurückkehren. Die Zahlen der Opfer, welche bei Terroranschlägen ums Leben kamen, werden in einer „Chronik des Terrors" hingegen stark betont und genau aufgelistet.[213] Durch das Verschleiern negativer Folgen von Auslandeinsätzen der Bundeswehr ist ein umfassendes und objektives Informationsangebot durch die Materialien nicht gewährleistet. Auch die Internetseiten, auf welche zur weiteren Recherche verwiesen wird, bieten kein weiteres Spektrum an Sichtweisen, sondern unterstreichen mit ihren Informationen die dargelegte Argumentation des Heftes. Mit diesen Materialien findet eine einseitige Beeinflussung der Schülerinnen und Schüler im Sinne der Bundeswehr und der gängigen Politik statt, welche sich hinter oberflächlicher Kontroversität versteckt und für die Lehrkräfte nicht gleich ersichtlich ist.

8.2.2 Banalisierung militärischer Gewalt

Durch die „Friedensrhetorik" der Materialien und die vermiedene Auseinandersetzung mit militärischer Gewalt und den unvorstellbaren Schäden, welche diese mit sich bringt, wird eine Banalität militärischer Interventionen suggeriert. Diese wird durch die Darstellung der Bundeswehr als internationale Hilfsorganisation und der Soldaten und Soldatinnen als Helfer und Retter zusätzlich unterstrichen. Auch durch die grafische Aufmachung der Arbeitsmaterialien wird das Bild der SoldatIn als HelferIn verstärkt. Die Bilder im Magazin zeigen Soldaten und Soldatinnen der Bundeswehr in Gesprächen mit der (den Soldaten und Soldatinnen freundlich zugewandten) Zivilbevölkerung in Einsatzgebieten[214] oder bei Hilfseinsätzen im Fall von Naturkatastrophen[215]. Die Vorderseite des Heftes ist mit lachenden Kindern im Vordergrund, von Bundeswehrsoldaten und einem Bundeswehrfahrzeug gestaltet. Eine Trivialisierung des Militärs hängt auch von der Repräsentationsform ab und kann eine banalisierende Funktion haben. Die Darstellung von Soldaten im Katastrophenschutz hilft, das Militär und somit militärische Gewalt zu banalisieren, während eine Darstellung von Soldaten im Kampfeinsatz zu einer Detrivialisierung des Militärs beiträgt.[216]

---

[213] Siehe: AG JuB, 2009, S. 5.
[214] Siehe: AG JuB, 2009, S. 22; S. 25.
[215] Siehe: Ebenda, S. 15; S. 29.
[216] Vgl. Möller 2006, S. 49.

8.2.3 Frieden als zentraler Begriff

In den Materialien ist an vielen Stellen von Frieden die Rede. Da der Begriff an keiner Stelle genauer definiert wird, ist es wichtig, die normative Ausrichtung des angewandten Friedensbegriffes als Leitbegriff der Unterrichtsmaterialien zu betrachten. Dafür soll zunächst eine Definition von Johan Galtung herangezogen werden. Der Begriff Frieden ist eng mit dem Begriff der Gewalt verbunden. „Gewalt liegt dann vor, wenn Menschen so beeinflusst werden, daß ihre aktuelle somatische und geistige Verwirklichung geringer ist als ihre potentielle Verwirklichung".[217] Dabei unterscheidet Galtung zwischen zwei Typen von Gewalt: „Den Typ von Gewalt, bei dem es einen Akteur gibt, bezeichnen wir als personale oder direkte Gewalt; die Gewalt ohne einen Akteur als strukturelle oder indirekte Gewalt."[218] Frieden ist demzufolge die Abwesenheit von Gewalt. Dabei führt ein erweiterter Gewaltbegriff zu einer Erweiterung des Friedensbegriffs: „Frieden definiert als die Abwesenheit von personaler Gewalt und Abwesenheit von struktureller Gewalt. Wir bezeichnen diese beiden Formen als negativen Frieden bzw. positiven Frieden."[219] „Negativer Frieden" bedeutet demnach die Abwesenheit von Waffengewalt und Krieg und entzieht sich der Frage von globaler sozialer Gerechtigkeit und der Überwindung von Herrschaftsstrukturen. Durch die Materialien wird die Sichtweise vermittelt, dass strukturelle Gewalt im Sinne von ungleichen Herrschaftsverhältnissen, beispielsweise im UN-Sicherheitsrat, und direkte Gewalt im Sinne des Einsatzes militärischer Mittel als friedenserzwingende Maßnahmen notwendig sind, um „negativen Frieden" aufrecht zu erhalten. Durch die Materialien sichert sich die Bundeswehr die Definitionshoheit über den Begriff „Frieden" und besetzt diesen mit zur militärischen Sichtweise kompatiblen Inhalten.

8.2.4 Sicherheit als zentraler Begriff

Wie auch der Begriff des Friedens ist „Sicherheit" ein weiterer zentraler Begriff der Materialien, welcher ebenfalls ohne nähere Bestimmung vorausgesetzt wird. Er ist in den Materialien als erweiterter Sicherheitsbegriff zu verstehen, welcher mehr beinhaltet als bloßen Schutz, nämlich zudem Werte wie Gewissheit oder Geborgenheit einschließt. „Diese positive Besetzung des Sicherheitsbegriffes schafft die legitimatorische Basis zur Mobilisierung aller Mittel (und damit auch

---

[217] Galtung, 1971, S. 57.
[218] Vgl. ebenda, S. 62.
[219] Ebenda, S. 86.

die der ultima ratio, des Militärs).“[220] Der sozial-konstruktivistischen Kopenhagener Schule nach ist dabei die inhaltliche Füllung des Sicherheitsbegriffes weniger wichtig als der Prozess, bzw. der Sprechakt oder die kommunikative Handlung, mit welcher Probleme als Sicherheitsprobleme definiert werden und welche Konsequenzen dies mit sich bringt. Es wird davon ausgegangen, dass Sicherheitsprobleme konstruiert werden, um die Interessen der die Definitionsmacht innehabenden Akteure durchzusetzen und dabei außerordentliche Mittel zu rechtfertigen.[221] Der Bundeswehr kommt bei der Definitionsmacht von Sicherheitsproblemen eine privilegierte Stellung zu, was auch in den Unterrichtsmaterialien „Frieden & Sicherheit“ deutlich wird. Vor diesem Hintergrund ist es notwendig, die Bezeichnung von globalen Herausforderungen als Bedrohungen für die internationale und nationale Sicherheit kritisch zu betrachten. Zum einen wird durch die kontinuierliche Darstellung des internationalen Terrorismus als Sicherheitsproblem, das auch in Deutschland Frieden und Sicherheit bedrohe, das Einsetzen von militärischen Mitteln, repressive staatliche Überwachungsmaßnahmen oder der Einsatz der Bundeswehr im Inneren gerechtfertigt. Zum anderen drängt sich auf, wie Migration und Flüchtlingsbewegungen als Folge von Staatszerfall und Klimawandel als Sicherheitsproblem definiert werden. Damit geht eine Rechtfertigung von restriktiven Strategien zum „Schutz“ gegen diese „unkontrollierte Einwanderung“ einher. Die Materialien verfolgen also das Ziel, dass globale politische Fragen als „Sicherheitsfragen“ wahrgenommen werden und nicht als Fragen ökologischer, sozialer oder wirtschaftlicher Gerechtigkeit.[222]

Nach der Darstellung der Zusammenarbeit und der Analyse der Unterrichtsmaterialien sollte die Schlagrichtung, mit welcher die Bundeswehr in die Schulen vordringt, und die dabei eingesetzten Methoden deutlich geworden sein. Es kann davon ausgegangen werden, dass auch Jugendoffiziere die angeführten Inhalte vermitteln und ähnliche Strategien der subtilen Beeinflussung anwenden, wie es in den vom BMVg konzipierten Unterrichtsmaterialien der Fall ist.

---

[220] Berndt, 2007, S. 111.
[221] Vgl. ebenda.
[222] Vgl. Winter, 2010.

9. Kritik an der Zusammenarbeit zwischen der Bundeswehr und Bildungseinrichtungen

Um die Zusammenarbeit zu untersuchen und diese einer umfassenden Kritik zu unterziehen, eignet es sich außerdem, die Doktorarbeit von Dieter Rogge, einem ehemaligen Jugendoffizier der Bundeswehr, zum Thema „Aufgaben hauptamtlicher Jugendoffiziere" heranzuziehen. Nach Rogge versteht man unter Öffentlichkeitsarbeit ein möglichst objektives, vielseitiges, nicht auf Manipulation gerichtetes Informieren.[223] Die Öffentlichkeitsarbeit der Bundeswehr dient dazu, den Dialog zwischen der Bundeswehr und der Umwelt zu intensivieren, um Vertrauen aufzubauen und das Ansehen der Bundeswehr zu fördern.[224] Ihm zufolge ist Werbung darauf ausgerichtet, Personen im Sinne der Werbenden (teilweise einseitig) zu beeinflussen und ist in erster Linie nicht Informationsmittel, sondern eine Methode der Steuerung.[225] Es liegt auf der Hand, dass auch die Jugendoffiziere dem Zweck dienen, das Image der Bundeswehr in der Öffentlichkeit zu pflegen. Diesbezüglich möchte ich zwei Arten von Werbung differenzieren, die zwar miteinander zusammenhängen, aber dennoch nicht gleichzusetzen sind: Zum einen die Werbung für die Bundeswehr und ihre Handlungen im Sinne von „Akzeptanzmanagement" und Förderung eines positiven Images, welches auf die „Verteidigungsbereitschaft" innerhalb der Bevölkerung abzielt und zum anderen die Werbung für Wehrdienst und berufliche Tätigkeiten innerhalb der Bundeswehr zur Nachwuchsgewinnung.

„Die Herrn Offiziere haben bei ihren Schulaktionen ein doppeltes Interesse: Sie wollen Nachwuchs werben und gleichzeitig ‚die Heimatfront' auf Kurs bringen", so die Kritik eines Aufrufes der baden-württembergischen Kampagne „Schulfrei für die Bundeswehr".

9.1 Die Nachwuchswerbung der Bundeswehr durch Jugendoffiziere

Wie erwähnt, ist es Jugendoffizieren untersagt, Nachwuchskräfte zu werben. Diese Aufgabe ist den WehrdienstberaterInnen vorbehalten. Ob diese Trennung der Aufgabenbereiche in der Praxis eingehalten werden kann, soll im Folgenden näher betrachtet werden.

---

[223] Vgl. Rogge, 1979, S. 51.
[224] Vgl. ebenda, S. 41f.
[225] Vgl. ebenda.

Laut Rogge gibt es innerhalb der Bundeswehr Stimmen, die sich klar dafür aussprechen, Jugendoffiziere auch zur Nachwuchsgewinnung einzusetzen. Um den Zugang zu den Schulen gewährt zu bekommen, haben sich diese jedoch, wie im Handbuch der Jugendoffiziere sowie der bestehenden Kooperationsvereinbarungen beschrieben, der Werbefreiheit verpflichtet. Seiner Erfahrung nach ist eine strikte Trennung zwischen Jugendoffizieren und WehrdienstberaterInnen nicht einfach und zuweilen auch nicht möglich, da beide eng zusammenarbeiten und sich die jeweiligen Aufgabenbereiche überschneiden.[226] Oftmals werden, wie das Anschreiben an die Freiburger Haupt- und Realschulen zeigt, Schulen von Jugendoffizieren und WehrdienstberaterInnen gemeinsam angeschrieben.[227] Die Jugendoffiziere öffnen den WehrdienstberaterInnen die Tore der Schulen. Auch bei Besuchstagen in Kasernen arbeiten Jugendoffiziere, die sich als Gesprächspartner für BesucherInnen zur Verfügung stellen, Hand in Hand mit den WehrdienstberaterInnen zusammen. „Sicher kann die Tätigkeit bei derartigen Aktionen nicht nur der politischen Bildung zugeordnet werden, sondern ist sowohl der Öffentlichkeitsarbeit, der Werbung als auch der Nachwuchswerbung und Propaganda zuzurechnen"[228], so der ehemalige Jugendoffizier. Auch der Bericht einer Realschule zum Besuch eines Jugendoffiziers macht deutlich, dass eine solche Aufgabenteilung nicht eingehalten wird. Denn „der Jugendoffizier hat den Schülern ebenfalls aktuelle Informationen zur Berufsorientierung und der Bundeswehr als Arbeitgeber vermittelt. Im Laufe des Gesprächs wurde deutlich, dass nach dem Aussetzen der Wehrpflicht ein möglicher Dienst bei der Bundeswehr in den Bereich der Berufsorientierung aufgenommen werden kann."[229] Auch aus anderen Quellen wird ersichtlich, dass Jugendoffiziere Schüler und Schülerinnen immer wieder zum Wehrdienst ermutigen und mit beruflichen Aufstiegschancen, kostenfreiem Studium oder hohen Gehältern für die Bundeswehr werben.[230] Die vorgegebene Aufgabenteilung zwischen Jugendoffizieren und WehrdienstberaterInnen wird in der Praxis nicht durchgehend eingehalten. Man kann sich demnach nicht bedingungslos auf das Verbot der Nachwuchswerbung für Jugendoffiziere verlassen, welches diesen den Zutritt zu den Schulen gewährt.

Eine Befragung aller Jugendoffiziere der Bundeswehr von Dieter Rogge aus dem Jahre 1979 gibt Aufschluss über Einstellungen und das Selbstbild der Jugendoffiziere. Da sich die Aufgaben, Struktur und Arbeitsweisen der Jugendoffiziere, bis auf eine thematische Schwerpunktverschiebung, kaum verändert haben, kann man davon ausgehen, dass die Ergebnistendenzen auch auf die heutige Zeit

---

[226] Vgl. Rogge, 1979, S. 48.
[227] Siehe.: Erken / Johne, 2009.
[228] Rogge, 1971, S. 50.
[229] Südkurier, 2011.
[230] Siehe beispielsweise Bericht der Heinrich-Hübsch Schule Karlsruhe.

übertragbar sind. Die Behauptung, dass Jugendoffiziere Werbung für die Bundeswehr betreiben, wird von 70% der Jugendoffiziere abgelehnt. 20,5% stimmen dennoch für einen Werbecharakter ihrer Tätigkeit. Die Aussage, dass die Informationen der Jugendoffiziere für die Öffentlichkeit sachlich sein sollen, wird von 100% bejaht. Die Behauptung jedoch, dass das Ziel der Tätigkeit von Jugendoffizieren sein sollte, die positiven Seiten der Bundeswehr zu betonen, wird nur von 50% der Jugendoffiziere abgelehnt. Eine Zustimmung von 70% gab es auch für das Item „Die Jugendoffiziere versuchen bei der Jugend eine möglichst weitreichende Sympathie- und Zustimmung zur Bundeswehr zu gewinnen", welches wiederum von nur 21% abgelehnt wurde. 60,4% der Befragten befürworteten außerdem die Frage, ob der Jugendoffizier bei Darstellungen und Interpretationen der Sicherheitspolitik versuchen sollte, die Meinungen im Sinne der Bundeswehr zu beeinflussen. 97,6% sehen ihre Aufgabe auch darin, durch Informationen zur Integration des Militärischen in den zivilen Bereich beizutragen.[231] Auch die vom Ministerium für Verteidigung mit herausgegebenen Unterrichtsmaterialen „Frieden & Sicherheit" können, wie aufgezeigt wurde, Werbefreiheit nicht garantieren. Durch das Darstellen der Bundeswehr als attraktiven Arbeitgeber mit zahleichen Karrierechancen, den Verweis auf die Werbeseiten karrierebundeswehr.de und treff.bundeswehr.de sowie durch die einseitige Darstellung des Soldatenberufs wird unter den Schülern und Schülerinnen um neue Rekruten und Rekrutinnen geworben.

9.2 Das Akzeptanzmanagement der Bundeswehr

Die politische Bildung der Jugendoffiziere vermittelt nicht nur Inhalte, um den Nachwuchsbedarf der Streitkräfte zu decken, sondern auch um den Rückhalt der Gesellschaft zu sichern. Diese steht der aktuellen Außenpolitik, welche unter dem Deckmantel der Terrorismusbekämpfung und im Kampf für Menschenrechte die ökonomischen Interessen Deutschlands fern der eigenen Grenzen „verteidigt" und sich von ihrem eigentlichen Auftrag, der Landesverteidigung, immer weiter entfernt, zunehmend kritisch gegenüber. Die Jugendoffiziere sowie die Unterrichtsmaterialien können sich dabei, auch aufgrund von Gegenstimmen aus der Friedensbewegung, welche die Zusammenarbeit von Bundeswehr und Bildungseinrichtungen mit kritischen Augen verfolgt, Propaganda und offensichtliche Manipulation nicht leisten. Würde eine einseitige Beeinflussung glaubhaft entlarvt, bliebe ihnen der Zugang zu Bildungsinstitutionen verwehrt.[232] Darum sind ihre Unterrichtseinheiten, das Planspiel POL&IS sowie die Unterrichtsmate-

---

[231] Vgl. Rogge, 1979, S. 217ff.
[232] Vgl. Rogge, 1979, S. 223.

rialien des Bundesministeriums für Verteidigung nicht offen militaristisch. Unterschwellig werden bestimmte Sichtweisen über und von der Bundeswehr, beziehungsweise der gängigen verteidigungspolitischen Ausrichtung, vermittelt. Wie die Analyse des „Frieden & Sicherheit"-Schülerheftes gezeigt hat, wird der Schwerpunkt zunächst darauf gelegt, tatsächliche oder vermeintliche Bedrohungen darzustellen, die in der Folge als Legitimationsbasis für „oftmals unvermeidbare" militärische Interventionen dienen.

Durch die Ausbildung zu Kommunikationsprofis und ExpertInnen für die Einstellungen ihrer Zielgruppe schaffen es die Jugendoffiziere, Sachverhalte meist überzeugend zu vermitteln und die Diskussionen in die von ihnen gewünschte Richtung zu lenken. Im Allgemeinen wird versucht, bei kontroversen Darstellungen sicherheitspolitischer Themen die positiven Seiten der Bundeswehr besonders zu betonen. Jugendoffiziere sind, insbesondere seit der Aussetzung der Wehrpflicht, oftmals der erste und einzige Berührungspunkt zwischen den Jugendlichen und der Bundeswehr. Sie überliefern nicht nur durch inhaltliche Darstellungen ein Bild der Bundeswehr als internationale Hilfsorganisation, sondern durch ihr sympathisches und lockeres Auftreten auch ein positives und untypisches Bild von einem Bundeswehrsoldaten oder einer Bundeswehrsoldatin. Dieser Eindruck überträgt sich über die Repräsentationsfigur auf das Image der Institution Bundeswehr. Offiziell distanziert sich die Mehrheit der Jugendoffiziere davon, Nachwuchs für die Bundeswehr zu werben, sie sind sich aber darüber bewusst, dass sie Imagepflege für die Bundeswehr betreiben und als Sekundäreffekt immer um Sympathie und Zustimmung werben.[233] Ihre Zielgruppe soll durch „sachliche" Informationsvermittlung, bei der einige Jugendoffiziere bewusst die positiven Seiten der Bundeswehr besonders betonen, beeinflusst werden.[234] Die Bundeswehr, welche den staatlichen Auftrag hat, die Sicherheit des deutschen Staates vor äußeren Bedrohungen zu gewährleisten,[235] fungiert als Produzent der „Ware Sicherheit". Aufgrund des steigenden Legitimationsbedarfs militärischer Gewalt kommt diese nicht umhin, durch Werbemaßnahmen, zu welchen auch die Zusammenarbeit mit Bildungseinrichtungen gehört, auch die Nachfrage nach ihrem Produkt „Sicherheit" zu regeln. Die Existenz der Bundeswehr hängt davon ab, dass die Bundesrepublik tatsächlichen oder vermeintlichen Bedrohungen ausgesetzt ist.[236] Die Zusammenarbeit zwischen der Bundeswehr und Bildungseinrichtungen sind demzufolge auch in einen Prozess der Selbstlegitimation des Militärs bzw. der Institution Bundeswehr einzuordnen.

---

[233] Vgl. Rogge, S. 217ff.
[234] Vgl. ebenda.
[235] Vgl. BMVg, 2006.
[236] Vgl. Rogge, 1979, S. 47.

9.3 Die banale Militarisierung des Bildungswesens

Im Tatbestand der Militarisierung des Bildungswesens durch den Einfluss der Bundeswehr auf den Schulunterricht und die Lehrkräfteausbildung sind die Jugendoffiziere Träger und Personifizierung einer banalen Militarisierung der Pädagogik und somit auch der Gesellschaft. Ihrem Selbstverständnis zufolge tragen Jugendoffiziere als „Brücke zum Bürger"[237] zur Integration des Militärischen ins Zivile bei.[238] In diesem Falle wird die Brücke über den Zugang zu den Schulen von der Institution Bundeswehr in den Bereich der Pädagogik geschlagen. Diese Integration in die Pädagogik kann, nimmt man den zu Beginn definierten Begriff der banalen Militarisierung zur Hand, als eine solche entlarvt und bestimmt werden. Diese normalisiert militärische Verhältnisse und stellt auch die Weichen für die Akzeptanz und Unterstützung quantitativer Militarisierung, die sich in der Militarisierung der außen- und innenpolitischen Ausrichtung der Bundesregierung, der europäischen Außenpolitik und der NATO manifestiert.

---

[237] BMVg, 2009, Y S. 1.
[238] Vgl. Rogge, 1979, S. 222.

10. Widerstand gegen die Militarisierung des Bildungswesens

Diese Entwicklung der Militarisierung des Bildungswesens wird von vielen Menschen und Gruppen jedoch nicht einfach hingenommen. Gegen die Zusammenarbeit regt sich besonders seit 2008, mit dem Unterzeichnen der ersten Kooperationsvereinbarung, Protest und aktiver Widerstand. Bundesweit haben sich knapp 90 lokale und überregionale Gruppen, Einzelpersonen, Initiativen und Kampagnen organisiert, die sich das Zurücknehmen der Kooperationsvereinbarungen zwischen Kultusministerien und der Bundeswehr und das Zurückdrängen dieser aus Bildungseinrichtungen zum Ziel gemacht haben. Neben Gewerkschaften und langjährig bestehenden Friedensinitiativen haben sich neue Initiativen gegründet, denn auch Schülerinnen und Schüler, Eltern und Lehrkräfte sind auf die Problematik aufmerksam geworden und gemeinsam gegen diese aktiv. In den letzten zwei Jahren sind zahlreiche Kampagnen entstanden wie „Schule ohne Militär" in Berlin oder das Bündnis „Schule ohne Bundeswehr" in Nordrhein-Westfalen, „Schulfrei für die Bundeswehr" in Reinland-Pfalz oder das Hamburger Bündnis „Bildung ohne Bundeswehr", in welchen sich SchülerInnen-, Studierenden- und Elternvertretungen, parteiliche und unparteiliche Jugendorganisationen, kirchliche sowie nichtkirchliche Friedensinitiativen oder Gewerkschaften organisieren. Eine bundesweite Kampagne „Bundeswehr raus aus Schulen" wurde von der Linksjugend ins Leben gerufen und startete im November 2011 mit einem bundesweiten Aktionstag. Bereits im Frühjahr 2010 hat sich in Baden-Württemberg die Kampagne „Schulfrei für die Bundeswehr"[239] gegründet, welche vor allem von der „Deutschen Friedensgesellschaft – Vereinigte KriegsgegnerInnen (DFG-VK) Baden-Württemberg" initiiert wurde und der sich mittlerweile zahlreiche Initiativen wie beispielsweise die Gewerkschaft für Erziehung und Wissenschaft (GEW), die Informationsstelle Militarisierung, Pax Christi Baden-Württemberg oder die Werkstatt für Gewaltfreie Aktion angeschlossen haben. In einigen Städten finden regelmäßige Vernetzungs- und Austauschtreffen der Kampagne statt. Diese wurde mit dem Ziel gegründet, über die Militarisierung der Gesellschaft am Beispiel Schule aufzuklären, und tritt für eine Zurücknahme der Kooperationsvereinbarung und die Einstellung dieser Zusammenarbeit ein. Zudem soll die „Friedenspädagogik" verstärkt in Schulen und die

---

[239] Im Internet: www.schulfrei-für-die-bundeswehr.de.

LehrerInnenausbildung einbezogen werden. Eine eigene Kooperationsvereinbarung mit dem Kultusministerium wird nicht angestrebt.[240]

Die Kinderrechtsorganisation „terre des hommes" spricht sich ebenfalls gegen eine derartige Kooperation aus und kritisiert die Missachtung von Kinderrechten durch diese Zusammenarbeit. „Bundeswehrwerbung bei Minderjährigen verstößt gegen die Prinzipien der UN-Kinderrechtskonvention, die Deutschland und 192 weitere Länder unterschrieben haben"[241], so Danuta Sacher, Geschäftsführerin von „terre des hommes". Denn die darin verbrieften Kinderrechte gelten für alle unter 18-Jährigen, darunter das Recht auf Leben und freie Entwicklung (Art. 6), auf körperliche Unversehrtheit und Schutz vor Gewalt (Art. 19) und auf eine Erziehung im Geiste von Frieden und Verständigung zwischen den Völkern (Art. 29). „Die Werbung Minderjähriger für lebensgefährliche militärische Einsätze ist mit diesen Rechten nicht vereinbar".[242]

Bundesweit haben sich zudem bereits Schulen in der GesamtlehrerInnenkonferenz und der Schulkonferenz dagegen ausgesprochen, Jugendoffiziere und WehrdienstberaterInnen im Unterricht oder auf dem Pausenhof zu dulden. So haben sich beispielsweise die Gesamtkonferenz der Lehrerinnen und Lehrer sowie die Schulkonferenz der Käthe-Kollwitz-Schule in Offenbach im März 2011 gegen die Bundeswehr an Schulen und gegen die Militarisierung der Gesellschaft entschieden.[243] Auch das Robert-Blum-Gymnasium und die August-Sander-Schule in Berlin wurden von der Schulkonferenz zu „Schulen ohne Militär" erklärt.[244]

Öffentlichkeitsarbeit, Verbreitung und Herstellung von Informationsmaterialien, das Anbieten von Informationsveranstaltungen und Workshops zur Thematik sowie Protestaktionen machen die Bevölkerung nach und nach auf die Problematik aufmerksam und zeigen der Bundeswehr und ihren VertreterInnen, dass diese in Schulen und anderenorts nicht von allen erwünscht sind. Diese sehen sich bei Schulbesuchen und anderen Veranstaltungen zunehmend mit größeren und kleineren Protestaktionen konfrontiert, welche vom Flugblätterverteilen bis zu Kundgebungen auf den Schulhöfen oder anderen direkten Aktionen reichen.[245]

Einige Veranstaltungen der Jugendoffiziere fanden aufgrund von Protesten nicht statt, da diese entweder von den Jugendoffizieren selbst, der Schulleitung oder Lehrkraft abgesagt wurden, um Aufruhr zu vermeiden und die Schule in den Medien nicht in ein schlechtes Licht zu rücken. Andere Veranstaltungen,

---

[240] Vgl. Blach, 2011.
[241] Terre des hommes, 2010.
[242] Ebenda.
[243] Vgl. Enß, 2011.
[244] Berliner Zeitung, 2011.
[245] Vgl. Schulze von Glaßer, 2010, S. 245f.

beispielsweise an der Pädagogischen Hochschule Freiburg oder der Emil-Thoma-Realschule Freiburg, fanden unter Polizeischutz statt, da im Vorhinein auf linksradikalen Internetseiten für die Veranstaltungen geworben wurde. Im Januar 2010 fand diesbezüglich in Freiburg die bundesweit erste Demonstration „Bundeswehr raus aus dem Klassenzimmer!" statt, welche vom Freiburger Bildungsstreikbündnis initiiert wurde.

11. Das Dilemma einer Erziehung zum Frieden

Unumstritten sein sollte, dass die Sozialisation sowie die Erziehung und Bildung in einer Gesellschaft an der Entwicklung hin zu einer friedlichen Welt ausgerichtet sein muss. In Anbetracht dessen gilt dies auch für die politische Bildung in der Institution Schule. Ende der 60er Jahre hat sich aus diesem Gedanken heraus, in Folge der Friedensforschung und Friedensaktion, die so genannte „Friedenspädagogik" herausgebildet, welche die Verknüpfung von Friedensforschung und Bildungsarbeit zum Ziel hatte. Dabei ist die „Friedenspädagogik" jedoch kein auf Konsens beruhendes Gebiet der Erziehungswissenschaft, sondern ein Etikett für sehr heterogene Konzeptionen theoretischer und didaktischer Ausrichtungen, denen unterschiedliche Vorstellungen von Politik und Gesellschaft zugrunde liegen. Ihre Bestrebungen reichen vom Eintreten für Abrüstung bis hin zum Infragestellen staatlicher Institutionen wie der Bundeswehr.[246] Unter „Friedenspädagogik" soll im Folgenden das Streben der Erziehung und Bildung nach dem zunächst nicht näher bestimmten Lernziel „Frieden" verstanden werden. Aufgrund der bislang ungeklärten Frage, ob eine „Friedenspädagogik" ihren Ansprüchen gerecht werden und sich ohne nähere Bestimmung des Friedensbegriffes und dessen normativer Ausrichtung überhaupt als solche bezeichnen kann, ist der Begriff zunächst in Anführungszeichen gesetzt.

Die „Friedenspädagogik" war in ihrem Entstehen, wie in Kapitel 3 dargestellt wurde, in eine Zeit gebettet, in welcher die Bundeswehr aufgrund der aufkommenden Friedensbewegung bemüht war, ihren Einfluss auf das Bildungswesen ständig zu intensivieren und die Institutionalisierung einer „Friedenspädagogik" in Schulen zu verhindern. Man kann, wie deutlich wurde, bei der „Friedenspädagogik" und der schulischen politischen Bildung der Bundeswehr von Antagonisten sprechen, welche gleichsam versuchten und auch heute noch versuchen, die nachkommenden Generationen in ihrem Sinne politisch zu beeinflussen. Bei diesem Wettstreit kommt der „Friedenspädagogik" bereits aufgrund der ungleichen Verteilung der finanziellen Mittel im Vergleich zur staatlichen Organisation Bundeswehr eine untergeordnete Rolle zu. Diese konnte sich daher bis heute nur in sehr eingeschränktem Maße in den Schulen durchsetzen.

Eine „Friedenspädagogik" scheint zunächst nicht in direktem Widerspruch zum Auftrag schulischer Bildung zu stehen, die sich nach dem Friedensgebot des Grundgesetzes (Art. 4 III, 24-26) richtet. Denn auch laut der baden-württembergischen Landesverfassung (Art. 12) und des sich daraus ableitenden Schulgesetzes hat die Schule unter anderem den Erziehungs- und Bildungsauftrag, die Schülerinnen und Schüler zur „Friedensliebe" zu erziehen (§1). In anderen

---

[246] Vgl. Schierholz, 1977, S. 11f.

Schulgesetzen sind ähnliche Formulierungen zu finden. In Nordrhein-Westfalen (Art. 7) ist diesbezüglich beispielsweise von einer Erziehung zur „Friedensgesinnung" die Rede. Der Schule ist außerdem die zentrale Aufgabe zugeschrieben, Gewalt vorzubeugen und die ihr anvertrauten Schülerinnen und Schüler zu lehren, Konflikte gewaltfrei auszutragen und ihnen Formen friedlichen Zusammenlebens aufzuzeigen.[247] Weiter heißt es im Bildungsplan Baden-Württembergs: „Schülerinnen und Schüler lernen, der Gewalt zu entsagen – der physischen wie der psychischen; sie nehmen die Frieden und Sicherheit gebende Funktion des Rechtes und des staatlichen Gewaltmonopols wahr".[248] Bei diesem Aspekt darf nicht aus den Augen verloren werden, dass Schule Bestandteil eines Systems ist, welches durch „organisierte Friedlosigkeit"[249] gekennzeichnet ist und nach deren Aufrechterhaltung strebt, um im internationalen System die nationalen Interessen zu wahren und mit den Instrumenten des staatlichen Gewaltmonopols diese gegebenenfalls militärisch durchzusetzen.

Auch außerhalb der Besuche von Jugendoffizieren kommt die Schule in ihrer jetzigen Ausrichtung nicht umhin, die staatliche Politik, in deren Auftrag sie steht, verständlich zu machen und zu rechtfertigen. Durch die Forderungen an die Schulen und Lehrkräfte, einerseits zum persönlichen Gewaltverzicht zu erziehen und andererseits militärische Mittel zur Herstellung und Sicherung eines negativen Friedens zu legitimieren, befindet sich die schulische Pädagogik in einem Spannungsfeld von Widersprüchen. Direkte Gewalt eines Staates in Form von militärischen „Friedenseinsätzen" soll gerechtfertigt werden, wohingegen auf der individuellen Ebene nach Gewaltverzicht gestrebt werden soll. Eine Erziehung und Bildung gegen Gewalt kann jedoch nicht zugleich Erziehung und Bildung zu militärischer Gewalt sein.[250] Denn dort, wo politische Bildung Spielball politischer Praxis ist, korrumpiert sich diese selbst und betreibt das Geschäft der „Ideologie und Propaganda".[251] Bemüht sich die politische Bildung um einen negativen Frieden – im Sinne der bloßen Abwesenheit direkter militärischer Gewalt –, zu dessen Herstellung diese wiederum eingesetzt werden muss, macht sie sich selbst zum Instrument der Wahrung von Herrschaftsinteressen.[252] Schulische politische Bildung kann nur dann einen Beitrag dazu leisten, Kriege in Zu-

---

[247] Vgl. Ministerium für Kultus, Jugend, Sport, Baden-Württemberg, 2004, S. 63.
[248] Ebenda, S. 13.
[249] Der Begriff verweist auf den Gesamtkomplex zwischenstaatlicher Strukturen und Beziehungen, die mit den Begriffen Frieden und Krieg nicht mehr gefasst werden können. Der Organisation des Unfriedens dienende Strukturen und Verhaltensweisen werden gefördert, so dass organisierter Unfrieden eine eigene Dynamik besitzt (vgl.: Senghaas, 1981, S. 29).
[250] Vgl. Nolz, 1993, S. 48.
[251] Senghaas, 1969/1981, S. 266.
[252] Vgl. Nicklas / Ostermann, 1976, S. 42.

kunft unmöglich zu machen und Gewalt zu überwinden, wenn sie den Mut zur politischen Opposition zeigt und nicht weiterhin kritiklos lehrt, was die Regierung für zweckmäßig hält. Aus Gesprächen mit Lehrkräften kristallisierte sich heraus, dass dem schulischen Auftrag einer „Erziehung zur Friedensliebe" und eines Aufzeigens von Strategien zu gewaltfreier Konfliktlösung, beispielsweise durch Streitschlichterprogramme oder Projekte zur Gewaltprävention, nachzukommen versucht wird. Diese Herangehensweisen mögen Sinn ergeben, sie bergen jedoch die Gefahr, dass die Gewalt- und Aggressionsproblematik von einer strukturellen auf eine individuelle Ebene reduziert wird. Kriege und „organisierte Friedlosigkeit" sind nicht das Ergebnis von individuellen Aggressionen der Bevölkerung der an den Konflikten beteiligten Staaten. Diese, als Ergebnis von erzeugten Feindbildern und Vorurteilen, können bei der Akzeptanz von militärischer Gewalt zwar eine Rolle spielen, dürfen jedoch nicht in den Vordergrund der Problematik gestellt werden. Die Reduktion der Probleme einer Erziehung zum Frieden auf einen individual-pädagogischen Kontext ist fragwürdig, da kollektiver Unfrieden nicht auf der Summe individuellen Verhaltens beruht.[253]

Es muss die Frage gestellt werden, ob und wie eine Pädagogik, durch die Strukturen in denen sie sich bewegt und zu deren Reproduktion sie beiträgt, in ihren Handlungsspielräumen eingeschränkt ist. Da sich die in den Schulen gängige „Friedenspädagogik", welche sich auf die Herstellung eines „negativen Friedens"[254] beruft, zum Instrument der Herrschaft macht, gilt es diesen Friedensbegriff zu überwinden. „Friedenserziehung" soll folglich nach einem „positiven Frieden" streben und somit nach der Abwesenheit von sowohl direkter als auch struktureller Gewalt. Sie setzt voraus, dass nicht eine „Befriedung" von Gesellschaften, sondern ein friedlicher Charakter des gesamten internationalen Systems Ziel sein muss.[255] Um diesem Anspruch gerecht zu werden, muss die zentrale Aufgabe der Erziehung zum Frieden sein, sich inhaltlich mit den politischen, wirtschaftlichen und gesellschaftlichen Vorraussetzungen einer friedlosen Welt auseinanderzusetzen, in welche eine „Friedenspädagogik", Pädagogik im Allgemeinen und alles menschliche Agieren gebettet sind. „Friedenserziehung beginnt mit der materialistischen Analyse der Bedingungsfaktoren des pädagogischen Feldes, denn jeder Sozialisierungsprozeß ist eine speziell abgestimmte gesellschaftliche Interaktion."[256]

Zu der Tatsache, dass eine „Friedenspädagogik" im Umfeld „organisierten Unfriedens" zu operieren hat, kommt hinzu, dass sich diese außerdem in Institutionen abspielt, welche selbst durch Unfrieden bzw. strukturelle Gewalt gekenn-

---

[253] Vgl. Senghaas, 1969/1981, S. 258.
[254] Zum Friedensbegriff siehe Kapitel 8.2.3.
[255] Vgl. Nicklas / Ostermann, 1976, S. 42.
[256] Gamm, 1973, S. 57.

zeichnet sind. Denn auch das Erziehungs- und Bildungswesen ist durch die ungleiche Verteilung des „Gutes" Bildung und die sich dadurch vollziehende gesellschaftliche Selektion von struktureller Gewalt gezeichnet. Aber nicht nur die Ungleichheit in Bezug auf Bildungschancen, sondern auch der Unterricht an sich ist durch massive Herrschaftsgefälle zwischen Lehrenden und Lernenden, Leistungszwang und Noten als Disziplinierungsinstrument, von Gewalt geprägt.[257] Annette Kuhn schrieb hierzu:

> „Schule in diesem Sinne ist nicht nur antiemanzipatorisch. Sie steht auch in mehrfacher Hinsicht im Widerspruch zu den Zielsetzungen der Friedenserziehung. Zum einen verdeckt sie die gesellschaftlichen Bedingungen des Unfriedens; zum andern erzeugt sie selbst Friedlosigkeit, indem sie Zwänge, die unsere Gesamtgesellschaft auszeichnet [sic!], in der ihr spezifischen Weise (...) reproduziert, als naturgemäß sanktioniert und somit Verhaltensdispositionen erzeugt, die den Qualifikationen einer Friedenserziehung diametral entgegenstehen."[258]

Eine kritische Friedenspädagogik, die nicht eine befriedete, sondern eine von Grund auf gewaltfreie Gesellschaft anstrebt, kommt dabei nicht umhin, auch das durch strukturelle Gewalt geprägte Schulsystem und Erziehungsverhältnis im Allgemeinen zu analysieren und zu hinterfragen. Dabei muss auch strukturell die Möglichkeit geschaffen werden, selbstbestimmt und in handlungsorientiertem Unterricht langfristige Gegenmodelle eines Weges zur friedlichen Welt aufzuzeigen und anzuregen. Dabei gilt es, die direkte militärische Gewalt sowie auch indirekte Gewalt eines Staates zu hinterfragen und bestehende Herrschaftsverhältnisse gegebenenfalls zu entlegitimieren.

---

[257] Vgl. Schierholz, 1977, S. 85.
[258] Kuhn, 1974, S. 67, zit. in: Schierholz, 1977, S. 85.

12. Schlussbetrachtung

Ausgehend vom Begriff der banalen Militarisierung, im Sinne der „Veralltäglichung des Militärischen im Zivilen"[259], wurde in dieser Arbeit die Militarisierung der schulischen Pädagogik durch die Zusammenarbeit zwischen der Bundeswehr und Bildungseinrichtungen untersucht.

Die Darstellung der Entstehung und der Geschichte der Kooperation hat gezeigt, dass diese keinesfalls etwas Neues ist, sondern bis in die Gründungsjahre der Bundeswehr zurückverfolgt werden kann. Seitdem ist bei der Zusammenarbeit, sowohl qualitativ als auch quantitativ, eine stetige Intensivierung zu verzeichnen. Die Bundeswehr steht heute vor wachsendem Legitimationsbedarf, denn, wie Umfragen zeigen, werden ihre Auslandseinsätze von der Bevölkerung zunehmend kritisch betrachtet und abgelehnt.[260] Laut des letzten Jahresberichtes der Jugendoffiziere vertreten insbesondere Jugendliche die Einstellung, „Bundeswehr ja, aber ohne mich"[261], was zunehmend Rekrutierungsschwierigkeiten für die Bundeswehr mit sich bringt, welche nicht zuletzt durch die Umstellung von der Wehrpflichtigen- hin zur Freiwilligenarmee verstärkt werden. Aufgrund der momentan schwierigen Lage der Bundeswehr, welche ihrer Ansicht nach auf dem niedrigen „Verteidigungswillen" der Bevölkerung beruht, wurde, neben einer Werbeoffensive für berufliche Laufbahnen und Wehrdienst bei der Bundeswehr, auch der Einfluss auf das Bildungswesen weiter verstärkt. Dieser hat seit 2008 mit der Unterzeichnung von Kooperationsvereinbarungen zwischen der Bundeswehr und den Kultusministerien einen besorgniserregenden Höhepunkt erreicht. Die in mittlerweile acht Bundesländern unterzeichneten Vereinbarungen sollen die bestehende Zusammenarbeit weiter intensivieren und beinhalten insbesondere das Ziel, mehr Jugendoffiziere in den Schulunterricht sowie auch in die LehrerInnenausbildung einzubeziehen. Bei ihrer Arbeit ist es den Jugendoffizieren untersagt, Nachwuchs für die Bundeswehr zu werben und sie sind dazu verpflichtet, sich an den Beutelsbacher Konsens zu halten, der Richtlinien für die politische Bildung enthält und nach welchem Schülerinnen und Schüler nicht im Sinne einer gewünschten Meinung überrumpelt werden dürfen (Überwältigungsverbot). Themen, die in der Wissenschaft und Politik kontrovers sind, müssen diesem Grundsatz nach auch im Schulunterricht kontrovers erscheinen (Kontroversitätsgebot). Im Laufe der Arbeit wurde dargestellt, dass die Bedingungen, welche der Bundeswehr die Türen zu den Schulen öffnen und durch welche die Zusammenarbeit gerechtfertigt wird, nicht eingehalten werden können. Wie auch die Analy-

---

[259] Thomas / Virchow, 2006, S. 9.
[260] Vgl. Kapitel 4.3.
[261] A.a.O. 2010, S. 22.

se der Unterrichtsmaterialien zeigte, sind weder das Verbot von Nachwuchswerbung, noch die Grundsätze der politischen Bildung durch den Einbezug der Bundeswehr in die Schulbildung gewährleistet. Die Zusammenarbeit zwischen der Bundeswehr und Bildungseinrichtungen wirkte sich in ihrer Geschichte sowie in ihrer aktuellen Ausprägung auf eine zunehmende gesellschaftliche Militarisierung aus. Durch die Veralltäglichung militärischer Gewalt wird der Grundstein für die Akzeptanz des Einsetzens militärischer Mittel oder militärischer Aufrüstung in der Bevölkerung gelegt.

Um dieser Tendenz entgegenzutreten und eine kontroverse und sachliche politische Bildung, welche zu kritischem Denken und zur eigenen Urteilfindung befähigen soll, zu gewährleisten, ist es erforderlich, die Zusammenarbeit zwischen der Bundeswehr und dem Bildungssystem grundlegend zu überdenken. Eine Möglichkeit wäre, wie in Nordrhein-Westfalen oder Rheinland-Pfalz, VertreterInnen der Friedensbewegung verstärkt in den Unterricht einzubeziehen und eine Kooperation zwischen den Kultusministerien und Friedensorganisationen gleichsam verbindlich zu regeln und finanziell zu unterstützen. Durch Gegendarstellungen zu den Sichtweisen der Bundeswehr könnte sich die politische Bildung dem Kontroversitätsgebot des Beutelsbacher Konsens annähern. Diese Möglichkeit kann aber in der Praxis nur schwerlich umgesetzt werden, da die ReferentInnen von Friedensorganisationen, selbst mit staatlicher Unterstützung, nicht die gleichen finanziellen und strukturellen Möglichkeiten wie die Jugendoffiziere der Bundeswehr haben. Eine Gleichberechtigung der Gegenspieler kann nicht gewährleistet werden. Somit ist es nicht möglich, die Richtlinien der politischen Bildung einzuhalten, solange die Bundeswehr Einfluss auf die Schulen nehmen wird. Eine zusätzliche Kooperationsvereinbarung mit Friedensorganisationen würde zugleich die Vereinbarungen mit den Wehrbereichskommandos legitimieren und kann daher keine geeignete Lösung sein.

Meines Erachtens ist es notwendig, möchte man Werbefreiheit in Schulen und eine kontroverse politische Bildung garantieren, sich gegen jegliche Zusammenarbeit zwischen der Bundeswehr und Bildungseinrichtungen zu stellen. Um diese Zusammenarbeit zu beenden, reicht es jedoch nicht aus, die Rücknahme der Kooperationsvereinbarung zu fordern, sondern die Einstellung jeglicher Zusammenarbeit muss als Ziel der Gegenbewegung gesetzt werden.

Es ist wichtig, eine breitere Öffentlichkeit für die Problematik zu sensibilisieren und auf die darin verborgenden Gefahren aufmerksam zu machen. Gleichzeitig müssen auch die Faktoren untersucht und ausgeglichen werden, welche dazu führen, dass Lehrkräfte auf die Angebote der Bundeswehr zurückgreifen. Darunter fällt, dass sich Lehrkräfte oftmals von der zunehmenden Komplexität dieses politischen Feldes überfordert fühlen und sich nicht in der Lage sehen, den Stoff an die Schulklassen zu vermitteln. Dabei stellt unter anderem auch das, von vielen Lehrkräften geforderte, fachfremde Unterrichten ein Problem dar. Der Zeitdruck, unter dem viele Lehrkräfte stehen, fördert zusätzlich die Bereitschaft, auf die Angebote der Bundeswehr zurückzugreifen.[262]

Es kann davon ausgegangen werden, dass die Zusammenarbeit zwischen der Bundeswehr und Bildungseinrichtungen nicht nur eine Militarisierung der Gesellschaft zur Folge hat, sondern gleichzeitig ein Anzeichen vorhandener militaristischer Tendenzen der Gesellschaft ist, welche im Bildungswesen zum Ausdruck kommen. Die Pädagogik übt folglich nicht nur Einfluss auf gesellschaftliche Bedingungen aus, sondern spiegelt diese gleichsam wider. Es muss daher beachtet werden, dass die Integration der Bundeswehr in die Schulen kein unerwünschter einseitiger Einfluss ist, sondern eine *Kooperation mit* den Kultusministerien sowie untergeordneten Schulbehörden. Die Jugendoffiziere sind als ExpertInnen für sicherheitspolitische Fragen in den Schulen durchaus willkommen. Diese Bereitschaft, die Bundeswehr in die Bildung einzubeziehen, kann als deutliches Zeichen eines banalisierten Militarismus in Deutschland gewertet werden. Dieser ist es, welcher mit Sorge betrachtet werden muss. Bei einer Ansprache zur Gelöbniszeremonie der Bundeswehr im Juli 2011 forderte auch Bundespräsident Wulff eine solche Militarisierung der Gesellschaft: „Sie [die Bundeswehr] gehört in unsere Mitte, in unsere Schulen und Hochschulen, auf öffentliche Plätze"[263], so Wulff.

Die Schule, der bezüglich gesellschaftlicher Militarisierung eine zentrale Funktion zukommt, muss ihre Rolle als staatliche Institution, welche in ein System „organisierten Unfriedens" gebettet ist und zu dessen Reproduktion sie beiträgt, kritisch reflektieren. Auch der pädagogische Antagonismus, einerseits staatliche Gewalt zu legitimieren und andererseits zur individuellen Gewaltlosigkeit zu erziehen, darf dabei nicht ausgeblendet werden. In dieser Konsequenz müsste sich die Schule von ihrer Aufgabe befreien, die bestehenden Verhältnisse zu stabilisieren und zu reproduzieren und diese, auch als politische Opposition, kritisch analysieren. Zusammenfassend lässt sich noch einmal mit den Worten von Senghaas sagen: „Wenn Friedenspädagogik die Aggressionsproblematik personalisiert, wenn in ihr nicht auf jene gesamtgesellschaftlichen Faktoren geachtet wird, (…) verfehlt sie ihren Gegenstand".[264]

Darum soll an dieser Stelle für die konsequente Durchsetzung einer kritischen Friedenspädagogik sowie für eine schulische politische Bildung, die in ihrem Dienste steht und sich an einem positiven Friedensbegriff orientiert, plädiert

---

[262] Vgl. Winter, 2010.
[263] Vgl. Brendle, 2011.
[264] Vgl. Senghaas, 1969/1981, S. 260.

werden. Kritische Friedenspädagogik sollte das Ziel haben, militärische Gewalt als Mittel der Selbstbehauptung und der Besitzerweiterung herrschender Machteliten zu entlarven und stellt gleichzeitig einen Beitrag zur Entmythologisierung von kriegerischen Idealen des Heldentums und Patriotismus dar. Die kritische Bewertung der Kriegsgeschichte muss in einer aktuellen Gesellschafts- und Militärkritik münden.[265] Heute sollte an dieser Stelle außerdem das Infragestellen der Bundeswehr als weltweit effizient agierende Einsatzarmee, welche sich immer weiter vom Auftrag der Landesverteidigung entfernt und in immer weiterer Ferne militärisch für nationale wirtschaftliche Interessen kämpft, in den Mittelpunkt gerückt werden. Auch Prozesse der „Versicherheitlichung" von globalen Herausforderungen müssen analysiert und hinterfragt werden. Dabei muss auch die Pädagogik den Blick weg von den als Bedrohungen der Sicherheit definierten Problemen, hin zu den die Sicherheitsprobleme definierenden Akteuren lenken. Die sich unter dem Deckmantel des Kampfes gegen den Terrorismus und für Menschenrechte versteckende militarisierte Außenpolitik, welche sich durch das Erzeugen von Unsicherheit und Feindbildern legitimiert, gilt es aufzudecken.

Eine nach dem Lernziel „Frieden" strebende Schule muss mit einer Idee des Friedens vereinbar sein, das heißt sie darf nicht nur direkte Gewalt ablehnen, sondern muss sich in ihrem Friedensbegriff auch auf die Abwesenheit struktureller Gewalt beziehen, was die Konsequenz haben sollte, auch das Schulsystem selbst auf gewaltförmige Strukturen hin zu analysieren und zu verändern. Neben der Umstrukturierung und Ergänzung des Schulunterrichts und der Lehrinhalte, welche sich nicht nur auf den Politikunterricht beziehen dürfen, sondern fächerübergreifend vollzogen werden müssen, ist es auch notwendig, die außerschulische unabhängige politische Bildung zu stärken.

In Anbetracht von globalen Krisen und sich verschärfenden Ungleichheiten im nationalen und globalen Rahmen ist es notwendig, neue Perspektiven zu suchen, wie eine friedliche Welt gestaltet werden kann. Schulunterricht sowie außerschulische Bildung müssen Möglichkeiten bieten, Utopien zu entwerfen und über die gegebenen Strukturen und Möglichkeiten hinauszudenken. Der Einfluss der Bundeswehr auf Bildungseinrichtungen macht dies unmöglich.

---

[265] Vgl. Vilmar, 1973, S. 71.

86

Quellenverzeichnis

Arbeitsgemeinschaft Jugend und Bildung e.V.: Frieden & Sicherheit, Schülermagazin 2009/2010 für die Sekundarstufe II, Universum Verlag GmbH, Wiesbaden, 2009.

Bach, Alois: Editorial, in: Y. Magazin der Bundeswehr, Sonderausgabe: Jugendoffiziere. Brücke zum Bürger, Hrsg.: BMVg, 2009, S.3.

Bald, Detlef: Die Bundeswehr. Eine kritische Geschichte 1955-2005, Verlag C.H.Beck oHG, München, 2005.

Berndt, Michael: Die „Neue Europäische Sicherheitsarchitektur". Sicherheit in, für und vor Europa, Verlag für Sozialwissenschaften, Wiesbaden, 2007.

Berndt, Michael: Gewalt – Ordnung – Sicherheit: Die Trias zunehmender Gewöhnung an militärische Gewalt, in: Banal Militarism. Zur Veralltäglichung des Militärischen im Zivilen, Hrsg.: Thomas, Tanja / Virchow, Fabian, Transcript Verlag, Bielefeld, 2006, S.65-81.

Blach, Roland: Schulfrei für die Bundeswehr, in: ZivilCourage, Nr. 2, Mai 2011, Hrsg.: DFG-VK Baden-Württemberg.

BMVg: Bundeswehr aktuell, Nr.46, 21.11.2011.

BMVg: Eckpunkte für die Neuausrichtung der Bundeswehr, Berlin, 18.05.2011.

BMVg: Auswertung der Berichte der hauptamtlichen Jugendoffiziere der Bundeswehr über das Schuljahr 1984/1985.

BMVg: Broschüre „POL&IS – Eine Simulation zu Politik und Internationaler Sicherheit", Berlin, 2003.

BMVg: Handbuch der Jugendoffiziere, Stand 2009.

BMVg: Jahresbericht der Jugendoffiziere der Bundeswehr 2004.

BMVg: Jahresbericht der Jugendoffiziere der Bundeswehr 2007.

BMVg: Jahresbericht der Jugendoffiziere der Bundeswehr 2009.

BMVg: Jahresbericht der Jugendoffiziere der Bundeswehr 2010.

BMVg: Synopse – Sicherheitspolitik in den Schulen der Bundesländer, Koblenz, August 1981, entnommen aus: Pröll, Bernd: Vormilitärische Erziehung in beiden deutschen Staaten – vergleichbare Vorbereitung auf den Wehrdienst? HAAG+HERCHEN Verlag, Frankfurt/Main,1981.

BMVg: Weißbuch zur Sicherheitspolitik Deutschlands und zur Zukunft der Bundeswehr, 2006.

BMVg: Y. Magazin der Bundeswehr, Sonderausgabe: Jugendoffiziere, Brücke zum Bürger, 2009.

BMVg: ZDv 10/1. Zf. 361; 362. Zit. in: Cassens, Manfred, Die Informationsarbeit der Bundeswehr in erziehungswissenschaftlicher Perspektive, Dissertation, Universität der Bundeswehr, München, 2006, S.16f.

Brendle, Frank: Krieg als Kinderspiel, in: Junge Welt, Nr. 128, Juni 2011.

Brendle, Frank: Militarisierung als Staatsräson, in: Junge Welt, 22.02.2011.

BROCK HAUS, Enzyklopädie Band 18. (21. Auflage) F.A. BROCKHAUS Leipzig / Mannheim.

Bundesregierung: Drucksache des Bundestages 17/4973, 03.02.2011.

Bundesregierung: Drucksache der Bundesregierung 17/1511, 23.02.2010.

Bundesregierung: Drucksache der Bundesregierung 17/3935, 25.11.2010.

Bundesregierung: Drucksache des Bundestages 16/8852, 21.04.2008.

Cohrs, J. Christopher / **Brähler**, Elmar: Militaristische und antimilitaristische Einstellungen in Deutschland: Ergebnisse einer repräsentativen Bevölkerungsbefragung, in: W&F Wissenschaft und Frieden, 1/2009, 27. Jahrgang, S.51-53.

Cremer, Hendrik: Schattenbericht Kindersoldaten 2011, Hrsg: Deutsches Bündnis Kindersoldaten.

DIE ZEIT Das Lexikon, Deutsches Wörterbuch Band 18, Zeitverlag Gerd Bucerius GmbH & Co. KG.

Enß, Eberhard: Pressemitteilung Gegen Bundeswehr an den Schulen und gegen Militarisierung der Gesellschaft! Vom 28.03.2011.

Erken, Thomas / **Johne**, Michael: Anschreiben an Fachschaften Geschichte, Gemeinschaftskunde, Religion und Ethik der Freiburger Gymnasien, 23.11.2009.

Erken, Thomas / **Johne**, Michael: Anschreiben an Fachschaften gesellschaftswissenschaftlicher Unterrichtsfächer der Freiburger Haupt- und Realschulen, 24.11.2009.

Fiebig, Rüdiger / **Pietsch**, Carsten: Bundeswehr im Einsatz. Erweitertes Aufgabenspektrum und dessen Wahrnehmung im Spiegel der öffentlichen Meinung, in: Sicherheit und Frieden 2/2010, 28. Jahrgang, Hrsg.: Brzoka / Feichtinger / Franke u.a., Nomos Verlagsgesellschaft, Baden Baden, 2010, S. 95-103.

Gagel, Walter: Der Beutelsbacher Konsens als historisches Ereignis. Eine Bestandsaufnahme, in: Reicht der Beutelsbacher Konsens? Hrsg.: Schiele, Siegfried / Schneider, Herbert, Wochenschau Verlag, Schwalbach, 1996, S.14-28.

Galtung, Johan: Gewalt, Frieden und Friedensforschung, in: Kritische Friedensforschung, Hrsg.: Senghaas, Dieter, Suhrkamp Verlag, 1971, S.55-104.

Gamm, Hans-Jochen: Kapitalinteresse und Friedenserziehung, in: Kritische Friedenserziehung, Hrsg.: Wulff, Christoph, Suhrkamp Verlag, Frankfurt am Main, 1973, S.45-64.

Gebel, Thomas: Die Diskussion um die Wehrkunde, Tabelle S.12, in: Militärpolitik: Materialien zu einer Wehrkunde, Hrsg: Bredow, v. Wilfried / Gebel, Thomas / Kubbig, Bernd u.a., Werner Raith Verlag, Starnberg, 1974, S. 11-42.

Grebe, Jan: Occasional Paper VII. Der Globale Militarisierungsindex (GMI): der Nutzen des GMI zur Bewertung der Entwicklungsorientierung von Staaten und regionaler Militarisierung, Forschungsbericht Februar, Hrsg: Internationales Konversionszentrum Bonn (BICC GmbH) 2011.

Grundgesetz für die Bundesrepublik Deutschland (GG) vom 23. Mai 1949 (BGBl. S. 1), zuletzt geändert durch das Gesetz vom 21. Juli 2010 (BGBl. I S. 944).

Humburg, Heiko: In Zeiten von Jugendarbeitslosigkeit und „Harz IV". PR-Strategien der Bundeswehr, erschienen in Wissenschaft & Frieden Dossier 3/2008.

Information und Medienzentrale der Bundeswehr: Die Jugendoffiziere der Bundeswehr, Stand 2010.

Informationsstelle Militarisierung: IMI-Fact-Sheet Bundeswehr und Schulen, Oktober, 2011.

Kanter, Cathleen / **Sandawi**, Sammi: Der Nationalstaat und das Militär, in: Militärsoziologie – eine Einführung, Hrsg: Leonhard, Nina / Werkner, Ines-Jaqueline, VS Verlag für Sozialwissenschaften, Wiesbaden, 2005, S. 24-49.

Kerbst, Renate: Bundeswehr und Schule, in: Bundeswehr und Schule: Militarisierung Jugendoffiziere Friedenssicherung, Hrsg.: Renate, Kerbst / Gregor, Witt, Pahl-Rugenstein Verlag GmbH, Köln, S. 48-71.

Koalitionsvertrag zwischen BÜNDNIS 90/DIE GRÜNEN und der SPD Baden-Württemberg 2011 – 2016.

Kooperationsvereinbarung zwischen dem Bayrischem Staatsministerium für Unterricht und Kultus und dem Wehrbereichskommando IV Süddeutschland der Bundeswehr am 08.06.2010.

Kooperationsvereinbarung zwischen dem Kultusministerium Hessen und dem Wehrbereichskommando II der Bundeswehr am 04.11.2010.

Kooperationsvereinbarung zwischen dem Ministerium für Bildung, Familie, Frauen und Kultur des Saarlandes und dem Wehrbereichskommando II der Bundeswehr am 25.03.2009.

Kooperationsvereinbarung zwischen dem Ministerium für Bildung, Wissenschaft, Jugend und Kultur von Reinlandpfalz und dem Wehrbereichskommando II der Bundeswehr am 25.02.2010.

Kooperationsvereinbarung zwischen dem Ministerium für Bildung, Wissenschaft und Kultus Mecklenburg-Vorpommern und Wehrbereichskommando I Küste der Bundeswehr am 13.07.2010.

Kooperationsvereinbarung zwischen dem Ministerium für Kultus, Jugend und Sport Baden-Württemberg und Wehrbereichskommando IV Süddeutschland der Bundeswehr am 04.12.2009.

Kooperationsvereinbarung zwischen dem Ministerium für Schule und Weiterbildung Nordrhein-Westfalen und Wehrbereichskommando II der Bundeswehr am 29.10.2008.

Kooperationsvereinbarung zwischen dem sächsischen Staatsministerium für Kultus und Sport und Wehrbereichskommando III der Bundeswehr am 21.12.2010.

Kuhn, A.: Friedenserziehung in der bestehenden Schulorganisation, in: Materialien zur politischen Bildung, Heft 2/1974, S.61-70, zitiert in: Schierholz, H.: Friedensforschung und politische Didaktik. Studien zur Kritik der Friedensforschung, Leske Verlag + Budrich GmbH, Opladen, 1977.

Kuhn: Abschrift Empfehlungen der Teilnehmer an der Tagung Kultusministerien und Bundeswehr im Jahre 1959, in: Pröll, Bernd: Vormilitärische Erziehung in beiden deutschen Staaten – vergleichbare Vorbereitung auf den Wehrdienst? HAAG+HERCHEN Verlag, Frankfurt/Main, 1981.

Kultusministerkonferenz: Gemeinsames Gespräch mit dem Bundesminister für Verteidigung über die Behandlung verteidigungspolitischer Fragen im Unterricht – TOP 5, Protokoll NS 201. KMK, 4./5. 12. 1980, Freiburg S.10-12, entnommen aus: Lutz, Dieter: Der „Friedens"-Streit der Kultusminister: Ein „Schul"-Beispiel. Nomos Verlagsgesellschaft, Baden Baden, 1984.

Kümmel, Gerhard: Auftrag und Aufgaben des Militärs im Wandel, in: Militärsoziologie – eine Einführung, Hrsg: Leonhard, Nina / Werkner, Ines-

Jaqueline, VS Verlag für Sozialwissenschaften, Wiesbaden, 2005, S. 50-67.

Lutz, Dieter: Der „Friedens"-Streit der Kultusminister: Ein „Schul"-Beispiel, Nomos Verlagsgesellschaft, Baden Baden, 1984.

Meyer, Hans-Jürgen: Einführung von Jugendunteroffizieren, BMVg, 1966, S.17, zitiert nach: Witt, Gregor: Öffentlichkeitsarbeit der Bundeswehr durch die Jugendoffiziere, S. 26, in: Bundeswehr und Schule, Hrsg.: Kerbst, Renate / Witt, Gregor, Pahl-Rugenstein Verlag GmbG, Köln, 1984, S.16-47.

Ministerium für Kultus, Jugend, Sport Baden-Württemberg: Bildungsplan 2004 für Allgemein Bildende Gymnasien.

Ministerium für Kultus, Jugend, Sport Baden-Württemberg: Drucksache 14/7663, 22.03.2011.

Ministerium für Schule, Wissenschaft und Forschung Nordrhein-Westfalen: Rahmenvorgaben für politische Bildung, Ritterbach Verlag GmbH, Frechen, 2001.

Ministerium für Schule und Weiterbildung des Landes Nordrhein-Westfalen: Beteiligung von Organisationen der Friedensbewegung am Unterricht, 29.11.2011.

Möller, Frank: Von Mäusen und Kapuzenmännern. „Banaler Militarismus", visuelle Repräsentationen und kollektive Erinnerung, in: Banal Militarism. Zur Veralltäglichung des Militärischen im Zivilen, Hrsg.: Thomas, Tanja / Virchow, Fabian, Transcript Verlag, Bielefeld, 2006, S.49-63.

Moritz (i.A. des Bundesministerium für Verteidigung): Bezug auf Petition gegen Nachwuchswerbung der Bundeswehr (Pet 1-17-14-583-004408). 11.03.2010, Berlin.

Nachtwei, Winfried: Die neue Bundeswehr: Freiwillig und kriegerisch? In: Blätter für deutsche und internationale Politik 1/2011, Hrsg: Birnbaum / Brumlik / Diner u.a., Verlagsgesellschaft mbH, Bonn, 2011, S. 57-65.

Nicklas H. / **Ostermann** A.: Zur Friedensfähigkeit erziehen: Soziales und politisches Lernen als Unterrichtsthema, Urban und Schwarzenberg Verlag, München / Berlin / Wien, 1976.

Nolz, Bernhard: Schulische Friedenserziehung in den 90er Jahren: Erziehung zur Gewaltfreiheit und Gewaltakzeptanz? In: Wissenschaft und Frieden 4/93, S.48-51

Pfisterer, Klaus: Schulfrei für die Bundeswehr: Hintergrundinformationen der Deutschen Friedensgesellschaft Vereinigte KriegsdienstgegnerInnen Baden-Württemberg, 27. Januar 2011.

Popp, Wolfgang: KMK-Empfehlungen: „Friedenserziehung" oder „pädagogische Nachrüstung"? In: Bundeswehr und Schule: Militarisierung Jugendoffiziere Friedenssicherung, Hrsg.: Renate, Kerbst / Gregor, Witt, Pahl-Rugenstein Verlag GmbH, Köln, 1984, S. 94-121.

Rödinger, Frank, S.: Der Stellenwert der Friedensbewegung aus der Sicht der Bundeswehr, in: S+F Vierteljahresschrift für Sicherheit und Frieden 1985/1986, Hrsg: Lutz / Bald / Betz u.a., Nomos Verlagsgesellschaft, Baden Baden, S.43.

Rogge, Dieter: Die Aufgabe des hauptamtlichen Jugendoffiziers als Beispiel für die Öffentlichkeitsarbeit der Bundeswehr, München, Univ., Diss., 1979.

Schiele, Siegfried: Der Beutelsbacher Konsens kommt in die Jahre, in: Reicht der Beutelsbacher Konsens? Hrsg.: Schiele, Siegfried / Schneider, Herbert, Wochenschau Verlag, Schwalbach, 1996, S.1-13.

Schierholz, Henning: Friedensforschung und politische Didaktik: Studien zur Kritik der Friedensforschung, Leske Verlag + Budrich GmbH, Opladen, 1977, 1. Auflage.

Schmitz, B. / **Budweg**, A.: Werbung in Tarnhosen. Bundeswehr finanziert Schülerseminare, 27.11.2011, taz die Tageszeitung.

Schneider, Herbert: Änderungsvorschläge betr.: den dritten Grundsatz von Beutelsbach in: Reicht der Beutelsbacher Konsens? Hrsg.: Schiele, Siegfried / Schneider, Herbert, Wochenschau Verlag, Schwalbach, 1996, S.227-228.

93

Schneider, Herbert: Der Beutelsbacher Konsens, in: Handbuch zur politischen Bildung, Schriftenreihe der Bundeszentrale für politische Bildung, Hrsg.: Wolfgang, Mickel W., Band 358, Bonn, 1999, S.171-178.

Schulgesetz für Baden-Württemberg (SchG) in der Fassung vom 1. August 1983 (GBl. S. 397; K. u. U. S. 584), zuletzt geändert durch Gesetz vom 18. Dezember 2006 (GBl. S. 378; K. u. U. 2007 S. 38).

Schulgesetz für Nordrhein-Westfalen (SchulG) vom 15. Februar 2005 (GV. NRW. S. 102), zuletzt geändert durch Gesetz vom 05. April 2011.

Schulze von Glaßer, Michael: An der Heimatfront. Öffentlichkeitsarbeit und Nachwuchswerbung der Bundeswehr, PapyRossa Verlag, Köln, 2010.

Schulze von Glaßer, Michael: Bundeswehr im Kampf an der Heimatfront, IMI Studie Nr. 1/2009.

Senghaas, Dieter: Abschreckung und Frieden: Studien zur Kritik organisierter Friedlosigkeit, Europäische Verlagsanstalt, Frankfurt am Main, 1969/1981 3. Ausgabe.

Singe, Martin: Die Bundeswehr greift in Deutschland an, Hrsg.: Komitee für Grundrechte und Demokratie e.V., Juni 2010.

Terre des hommes: Kinder im Visier, in: Terre des hommes, die Zeitung 4/2010.

Thomas, Tanja / **Virchow,** Fabian: Banal Militarism, in: Banal Militarism. Zur Veralltäglichung des Militärischen im Zivilen, Hrsg.: Thomas, Tanja / Virchow, Fabian, Transcript Verlag, Bielefeld, 2006, S.25-48.

Thöne, Ulrich (Vorstand GEW): Schreiben vom 19.08.2010 an Gerhard Reth.

Verfassung des Landes Baden-Württemberg, vom 11. November 1953 (GBl. S. 173), zuletzt geändert am 06. Mai 2008 (GBl. S. 119).

Vilmar, Fritz: Friedensforschung und Friedenserziehung als politische Bewusstseinsbildung, in: Kritische Friedenserziehung, Hrsg.: Wulff, Christoph, Suhrkamp Verlag, Frankfurt am Main, 1973, S.65-91.

Vogel, Alex / **Petersen**, Lars / **Brackmann**, Thomas: Am Puls der Jugend, in: BMVg: Y. Magazin der Bundeswehr, Sonderausgabe: Jugendoffiziere, Brücke zum Bürger, 2009 Hrsg: BMVg, 2009, S. 4-11.

Warminski-Leithäußer, Gabriele: Schreiben an das Freiburger Friedensforum vom 23.08.2011.

Wasmut, Ulrike: Ist die Friedensbewegung tot? in: S+F Vierteljahresschrift für Sicherheit und Frieden 1985/1986, Hrsg: Lutz / Bald / Betz u.a., Nomos Verlagsgesellschaft, Baden Baden, S.138-146.

Winter, Frank: Rede auf Freiburger Demonstration „Bundeswehr raus aus dem Klassenzimmer" am 23.01.2010.

Witt, Gregor: Öffentlichkeitsarbeit der Bundeswehr durch Jugendoffiziere, in: Bundeswehr und Schule: Militarisierung Jugendoffiziere Friedenssicherung, Hrsg.: Renate, Kerbst / Gregor, Witt, Pahl-Rugenstein Verlag GmbH, Köln, 1984, S. 16-47.

Young, Nigel: Die neue Friedenserziehungsbewegung, in: S+F Vierteljahresschrift für Sicherheit und Frieden, Jahrgang 2, Heft 4, 1984 Verlagsgesellschaft, Baden-Baden S. 2-6.

Internetquellen:

Arbeitsstelle Frieden und Abrüstung e.V.: www.bundeswehr-monitoring.de, letzter Zugriff: 16.07.2011.

BMVg: 50 Jahre Jugendoffiziere in: www.bmvg.de, letzter Zugriff: 7.7.2011.

BMVg: Grünes Licht für Aussetzung der Wehrpflicht, in: www.bmvg.de, letzter Zugriff: 28.03.2011.

BMVg: Teil 1. Die Gründerjahre, in: www.bmvg.de, letzter Zugriff: 07.07.2011.

BMVg: Teil 2. Die 60er Jahre, in: www.bmvg.de, letzter Zugriff: 07.07.2011.

BMVg: Teil 3. Die 70er und 80er Jahre, in: www.bmvg.de, letzter Zugriff: 07.07.2011.

BMVg: Teil 4. Die Jahre nach der Wiedervereinigung, in: www.bmvg.de, letzter Zugriff: 07.07.2011.

BMVg: Teil 5. Die Gegenwart, in: www.bmvg.de, letzter Zugriff: 07.07.2011.

De Maizière, Thomas: Rede zum Entwurf des Wehränderungsgesetzes vor dem Deutschen Bundestag am 24. März 2011 in Berlin, in: www.bundesregierung.de, letzter Zugriff: 20.07.2011.

GEW Schulgruppe an der Käthe-Kollwitz-Schule: Pressemitteilung: Gegen Bundeswehr an den Schulen und Gegen Militarisierung der Gesellschaft! 28.3.11, in: www.bundeswehr-wegtreten.org, letzter Zugriff: 08.07.2011.

Götz, Dr. Nikolaus: 'Schule ohne Bundeswehr' – der Beginn eines neuen Kulturkampfes, 08.09.11, in: www.scharf-links.de, letzter Zugriff: 06.01.2012.

Kultusministerkonferenz: Zur Geschichte der Kultusministerkonferenz 1948 – 1998, in: www.kmk.org, letzter Zugriff: 02.04.2011.

Landeszentrale für Politische Bildung Baden-Württemberg: Der Beutelsbacher Konsens, in: www.lpb-bw.de/beutelsbacher-konsens.html, letzter Zugriff: 08.07.2011.

Landeszentrale für Politische Bildung Rheinland-Pfalz: http://www.politische-bildung-rlp.de/170.html, letzter Zugriff: 03.04.2011.

Hartung, Manuel: Krieg oder Frieden, in: Die Zeit, 30.04.2003 http://www.zeit.de, letzter Zugriff: 09.07.2011.

Schulze von Glaßer, Michael: Westerwelles Werbetruppe, IMI-Standpunkt 2010, 2010/007 in: www.imi-online.de, letzter Zugriff: 08.07.2011.

Stiftung Jugend und Bildung e.V.: Wie wir arbeiten, in: www.jugend-und-bildung.de, letzter Zugriff: 08.07.2011.

Stiftung Jugend und Bildung e.V.: Frieden und Sicherheit: Infos für die Schule, in: www.frieden-und-sicherheit.de, letzter Zugriff: 07.07.2011.

Venro: Afghanistan, in: www.venro.de, letzter Zugriff: 07.07.2011.

Virchow, Fabian / **Thomas**, Tanja: Banaler Militarismus, in: Ossietzky Wochenzeitschrift 20/2003, www.sopos.org, letzter Zugriff: 07.07.2011.

Wacker, Georg, MdL, Staatssekretär a.D. im Ministerium für Kultus, Jugend und Sport Baden-Württemberg, in: www.bw.jugendoffizier.eu, letzter Zugriff: 07.07.2011.

Wagner, Jürgen: Planspiel POL&IS, IMI Analyse 2010/037, 2010, in: http://www.imi-online.de, letzter Zugriff: 08.07.2011.

Quellen ohne VerfasserInnen:

Bundeswehr: allg. freundl. Entgegenkommen, in: Der Spiegel, Nr. 38/1982, S.56-61, www.spiegel.de, letzter Zugriff: 02.04.2011.

Deutsche für Abzug und für Jung, 16.09.2009, in: Stern: www.stern.de, letzter Zugriff: 30.03.2011.

Jugendoffizier zu Gast an Realschule, 18.04.2011, in: www.suedkurier.de, letzter Zugriff: 10.06.2011.

Robert-Blum-Gymnasium: Schule setzt Bundeswehr vor die Tür, in: Berliner Zeitung 26.05.2011: www.berlinonline.de, letzter Zugriff: 08.07.2011.

http://www.youtube.com/user/Bundeswehr, letzter Zugriff: 02.04.2010.

https://treff.bundeswehr.de, letzter Zugriff: 02.04.2010.

www.gamestar.de/community/gspinboard/showthread.php?t=321424, letzter Zugriff: 20.07.2011.

Burkhart Fischer

Wahrnehmungs- und Blickfunktionen bei Lernproblemen

Besser werden im Lesen – Rechnen – Schreiben

Reihe Psychologie, Band 41
2011, 140 S., 54 Abb., geb.,
ISBN 978-3-86226-043-0, € 23,80

Wissenschaftliche Studien haben gezeigt, dass viele lernschwache Kinder Entwicklungsrückstände in ihren Wahrnehmungs- und Blickfunktionen aufweisen. Die Ursache von Legasthenie, Dyskalkulie, ADHS und anderen Lernproblemen liegt meist in Störungen des Hör- und/oder Sehsystems bei der Sinnesverarbeitung im Gehirn. Diese Entwicklungsrückstände können nach einer Diagnose durch Messung der Augenbewegungen und mit Hilfe standardisierter altersnormierter Tests der Hörverarbeitung und Simultanverfassung erkannt und durch gezieltes Training aufgeholt werden.

Dieses Buch erläutert allgemein verständlich die diagnostischen und therapeutischen Methoden und gibt viele praktische Hinweise zur Verbesserung der Lernerfolge.

Insbesondere Eltern, Pädagogen und Lerntherapeuten, aber auch Ärzte und Psychologen finden hier Informationen wie Entwicklungsrückstände durch Tests identifiziert und durch gezieltes Training schnell aufgeholt werden können.

Christine Dünser
Warum Schule nicht gelingen kann – Schüler stark machen
Die Schule neu beurteilen – eine psychosoziale Betrachtung auf der soziokulturellen Basis
des Überindividualismus.
Reihe Pädagogik, Bd. 42, 2012, ca. 350 S.,
ISBN 978-3-86226-152-9, **ca. € 23,00**

Verena Jacob
Die Bedeutung des Islam für Jugendliche aus der Türkei in Deutschland
Empfehlungen für die Soziale Arbeit in der Jugendhilfe
Migration und Lebenswelten, Bd. 4, 2011, 168 S.,
ISBN 978-3-86226-096-6, **€ 19,80**

„Das Buch von *Jacob* kann daher nicht nur sozialpädagogischen Fachkräften, sondern
auch allen Verantwortlichen und „Machern" der Jugendberufshilfe empfohlen werden."
Süleyman Gögercin. 22.12.2011, in: www.socialnet.de vom 22.12.2011

Sarah Hege
Mehr als Geld
Motive und Strukturen der Unterstützung subsaharischer Herkunftsländer durch migrierte
Landsleute
Migration und Lebenswelten, Bd. 3, 2011, 138 S.,
ISBN 978-3-86226-094-2, **€ 18,80**

Nele Cölsch
Potential and limitations of peace education in Israel
A case study on parents´ perspectives on the Hand in Hand school in Jerusalem
Gender and Diversity, Bd. 3, 2011, 164 S.,
ISBN 978-3-86226-072-0, **€ 23,80**

Tina Görner
Was für ein Theater!
Konfrontative Pädagogik und Theaterpädagogik mit gewaltbereiten Jugendlichen
Reihe Pädagogik, Bd. 40, 2011, 120 S.,
ISBN 978-3-86226-117-8, **€ 18,80**

„Dieses Buch beschreibt aus sozialarbeiterischen Perspektive bestehende und notwendige
Maßnahmen für nachhaltige Interventionen und reflektiert kritisch das klassische Anti-
Aggressivitäts-Training."
www.literatur-report.de

Katja Nowacki (Hrsg.)
Pflegekinder
Vorerfahrungen, Vermittlungsansätze und Konsequenzen
Gender and Diversity, Bd. 4, 2012, ca. 250 S.,
ISBN 978-3-86226-124-6, **€ 22,80**

Printed in the United States
By Bookmasters